30万円で素敵なお墓を建てる

安くても満足できる終の住処の作り方

装幀 — 杉本龍一郎（開発社）
装幀イラスト — てらいまき
本文デザイン&イラスト — 櫻田浩和

まえがき

「このあたりだと、平均的なお墓を建てるなら400万円から500万円かかりますね」

なぜか少し怖い顔で、石材店の担当者はそう言った。絶句する他ない。頭がクラクラする。お墓づくりを甘く見ていたのだ。

我が家にはお墓がない。利便性を求めて都心に居を構えたのは良いが、何もかも物価が高くてイヤになることも多い。なんとかやりくりしてきたが、死後の安らぎを求めるにもこんなにカネがかかるものなのか。

都心の400万円から500万円は突出しているが、どこで買おうとお墓は高い買い物であることに異論はない。ピンキリだが、平均すると100万円から200万円はかかるという声が多い。

素朴に思うが、なぜこんなに高いのか。

実際に身近な人が亡くなったとき、その人を送り出すための費用を惜しんだり、節約しようと思う人は少ない。自分にできる精いっぱいの力で、故人が気持ちよく旅立てるように、旅支度を整えてあげたくなるのが人の情だ。両親、妻や夫、子どもなど、故人が身近であればあるほどそうだろう。

だが、精いっぱいの力をもってしても100万円単位の金額を容易には捻出できないというのが素朴な生活者としての実感だ。

近年、葬式は簡素に済ませ、お墓はつくらない、代々承継してきたお墓も改葬ないし処分する、という選択をする人が増えてきた。宗教観の変化もあるだろうが、「妻や子どもに負担をかけたくない」と、残された者の家計や手間を慮《おもんぱか》っての決断が目立つ。合理的な判断と言えるだろう。

その一方で、多くの日本人が、特定の宗教に属していなくても、「死後の安らぎを得たい」、「終《つい》の住処《すみか》を確保しておきたい」、「故人に安らかな場所で眠っていてほしい」、「故人の存在を感じられる場所が欲しい」という死生観を少なからず持っている。これもまた、当然の感情であると思う。

にもかかわらず、高額の建墓料や葬儀料を負担に感じてしまい、死後の安らぎを断念せざるを得ないという状況があるとすれば、なんともやりきれない話だ。

そのような人のために、考えてみたい。

果たして、お墓をつくるのに本当に数百万円の予算が必要なのだろうか?

できるだけ安い金額で、心安らげる場所に弔《とむら》ってあげたいと思うのは、故人に対する敬意を欠くことになるのだろうか?

そんなことはない。お金をかければかけるほど立派なお墓がつくれるのは一面では事実だが、それはお金に余裕のある世帯のための真実でしかない。

石材店や霊園の言葉を鵜呑みにせず、旧来の「お墓観」に過度に縛られなければ、数十万円、さらには10万円台でお墓をつくることだって可能だ。今の時代、懐に優しい価格であることもまた、安らぎを得るための重要な要素のひとつといえる。

しかしながら、もどかしいことに、お墓にまつわる商慣習や、そうした商慣習が人々に植え付けた「葬式やお墓にはお金をかけるべきだし、そこで節約しようだなんて恥ずかしい」といった固定観念が、お墓にまつわる料金を正面から値切ることを妨げている現状がある。

霊園や石材店を訪ねて、「ここら辺りの相場は200万円ですよ」と言われればぐぅの音も出ない。「そんなもんですかねぇ」と平静を装いながら、震える手つきでＡＴＭを操作して預金を引き出しそうになってしまうのも人の性《さが》だろう。

しかし、そのような状況をいつまでも放置していてはいけない。お金のことが頭の片隅に残ったままでは、故人を気持ちよく送り出すことはなかなかできないし、そんなことでは、故人も気持ちよく旅立つことはできない。

お金のことを気にせずに、なおかつ、故人と遺族が心から安らぎを得られるお墓をつくることができれば最高だ。それを実現するにはどうすればよいかを考え、検証を重ねたのが本書である。活用していただければ幸いだ。

30万円で素敵なお墓を建てる
――安くても満足できる終の住処の作り方・目次

第一章

なぜ日本人はお墓にお金をかけるようになったのか?

お墓にお金をかけるのは東アジアだけ！

お墓を建てる必要が生じ、なるべく安く済ませたいと考えたとしても、それを口に出すのは結構難しい。

「お父さんのお墓、予算はできる限り安くしたいんだ」などと率直に切り出せば、良識ある家族や親戚に反対されることは容易に想像できる。「冷徹人間！」、「守銭奴！」となじられるおそれすらある。あるいは、自分自身の心の中でさえ、「本当にそれでいいのだろうか？　やっぱり人並みにお金はかけた方がいいのではないだろうか？」などとブレーキをかけてしまうこともあるだろう。

しかし、こうした考え方は、実は世界的に見れば必ずしも主流ではない。

『世界葬祭事典』（松濤弘道・著）という、世界各国の葬祭の在り方を精緻《せいち》に紹介した本がある。実に100以上の国における葬祭文化を、宗教別、地域別に事細かに解説した大著だ。そこには、遺体を川に流す、舟に乗せて流す、鳥に食べさせるなど、日本人の常識では計り知れない葬祭方法が多数紹介されている。

「いかにもお金がかからなさそうだが……それって、発展途上国の話でしょ?」という声があるかもしれない。それに、いくら安く済むからといって、日本で死体を鳥に食べさせて処理するわけにはいかない。

ところで、同書には、心理学者ユングのこんな言葉も紹介されている。

「高度に文明化された社会では、死者にまつわる慣習は合理化される」

これは、葬祭や納骨に複雑な儀式が取り込まれるのは、非科学的な迷信が信じられているからであり、文明化によってそうした状況がなくなれば、環境負荷や公衆衛生への影響、経済合理性といった現実的な指標が重視され、結果としてお墓や葬祭の在り方はシンプルになっていく——そんな未来を予見した言葉だろう。

実際、この言葉通り、先進国を中心に葬祭や埋葬の合理化は進んでいる。典型的な例は、土葬から火葬への移行だ。日本では中世から火葬と土葬は並行して行われていたが、火葬が広まるきっかけとなったのは明治30年の伝染病予防法であった。本法により、伝染病による死者は火葬によって処理することが義務付けられ、これにより自治体の火葬場設置が推進されたのである。

欧米などのキリスト教文化の地域では、今日でも土葬が主流であるが、プロテスタントが多く、かつ国土の狭い国、例えばイギリスやドイツでは、土葬スペースの不足から、火葬への移行が進行しているという。

特にイギリスでは葬儀の簡素化が進んでおり、前掲書によれば、「葬儀は過去の名残以外の何物でもない無意味なアナクロニズム（時代錯誤）であり、形骸化された儀式にすぎない」、「（葬儀は）そこから商業的利益をえようとする者を利するのみ」との考え方も見られるということである。

また、火葬といっても、イギリスの火葬は日本のそれとはかなり異なる。日本では、火力の調整によって遺骨の形状を残すが、イギリスでは遺灰になるまで徹底的に焼き切るのだという。そしてその遺灰は、骨壺等に納めて墓地に埋葬されることは少なく、墓地や公海等に撒かれるケースが多いということである。これならば、高価な墓石は不要だから、確かに安価で済むし、文明国ならではの合理性を十分備えているといえる。

こうした変化を、宗教文化の衰退と嘆く声もあるかもしれない。しかし、「宗教的感情の尊重＝お墓にお金をかければかけるほど良い」ということでもない。実は、世界にあまたある宗教は、そのほとんどが、特にお墓にお金をかけることを要請していないのである。

例えばイスラム教では、偶像崇拝を禁止しているためか、墓石は簡素なものか、自然石をただ積んだもの、あるいは盛り土のみ、といった埋葬形態が多いという。

また、仏教と共通性が多く見られるヒンズー教では、お墓自体ほとんどつくられない。遺灰や遺体は、川に流して葬送するのが一般的だ。ヒンズー教で説かれる「輪廻転生」は、キリスト教の「復活」と異なり、別の肉体への生まれ変わりのことだから、遺体や遺灰自体を保管することには重きを置いていないのだ。

葬送やお墓にお金をかけることが好ましいという考え方は、主に儒教思想の影響を受けている国において見られる。儒教では、親の言いつけを守り、親を大事にすることを人の行動原理とする「孝」の概念がある。「親孝行」の「孝」ですね。

もちろん親を敬うことを美徳とする発想自体は世界中にあるが、人としての根源的、絶対的な価値観というレベルにまで至っているのは、儒教思想の影響を受けている地域、具体的には日本、韓国、香港、台湾、ベトナムなどの東アジアに偏《かたよ》っているのである。

この「孝」こそが、祖先崇拝の重視、盛大な葬式や、先祖を祀る立派なお墓を肯定する価値観に影響を大いに与えているのだ。先に挙げた国々の葬儀やお墓は、それ以外の地域に比べると高額化の傾向がはっきりと見られる。特に儒教思想の影響が強いと言われる韓国では、高額の葬送代が、日本同様に庶民のフトコロを圧迫しているようだ。

韓国中央日報の報道によれば、韓国における葬儀と埋葬にかかる平均金額は1650万ウォン(約156万円)。調査対象者の実に7割が経済的負担を感じているという。
（※中央日報日本語版２００４年９月23日付「韓国の平均葬儀費用約１６５０万ウォン」
http://japanese.joins.com/article/j_article.php?aid=56141）

儒教思想は日本人の価値観にも深く浸透しているため、われわれが自らを客観的に評価することはなかなか難しいかもしれない。しかし、東アジア以外の人々から見ると、「なんでお墓にこんなにお金をかけてるの？」と不思議に思われていることだろう。

古代中国の思想家である韓非《かんぴ》は、著書『韓非子』において、「儒教者は葬送によって家を破滅させる」と喝破している。紀元前２００年代の著作であるが、現在でも十分に通用する鋭い指摘だ。

こうした事情を知ると、「お墓にはお金をかけることは当たり前」と盲目的に考えてしまうことは、いささか視野が狭いと思えてくるのではないだろうか。

歴史から学ぶ「お墓」と「カネ」の問題

お墓にお金をかけることが必ずしも世界共通の常識ではないことが分かったところで、それでは、なぜ我が国では「お墓にはお金をかけることは当たり前」という価値観が形成されていったのかを探ってみよう。

それは決して、「日本は儒教思想の影響を受けている国だから」といった単純な話ではない。長い日本の歴史の中で、お墓の在り方は大きく変貌を繰り返してきた。そのどこかのタイミングで、「お墓」と「カネ」が結びついたのである。その経緯を探るために、日本におけるお墓の歴史を振り返ってみるとしよう。

歴史書を繙《ひもと》けば、「旧石器時代にはすでに埋葬の習慣があった」ということが書いてある。では、埋葬の習慣ができる前は、人が死んだら遺体はどう処理されていたのだろうか。旧石器時代以前といえば、それはもう人間というより、未だ猿人、原人の段階である。人が動物としての習性を色濃く残していた時代であることを考えると、遺体の処遇も、おそらくそのまま放置され、雨風にさらされ、獣が食べるがままにされ、やがて大地に還っていったのだろうと考えられる。極めて動物的な、というか、動物そのものの風習だ。

やがて脳が発達し、人が感情を有するようになったとき、悲しみ、あるいは嫌悪感、それとも原始的宗教観、はたまた単に邪魔だっただけかもしれないが、死者をそのまま放置することに耐えられなくなったのだろう、埋葬の習慣が生まれたのだ。

もっとも、旧石器時代から縄文時代初期の段階では、埋葬とはいうものの、死者は単に土の中や貝塚に埋められていただけだった。ただし、「屈葬」と呼ばれる、手足を折り曲げて屈ませたような格好の骨が多く出土していることから、食べ残しの貝殻などと同等の扱いを受けていたというわけでもなく、何らかの「特別扱い」がなされていたことは間違いないだろう。

とはいえ、埋葬地は、上から土をかけられてしまえばそれはもはやただの地面や貝塚。埋めたあとは容易に死者の思い出が消えていってしまっていたことは想像に難くない。

では、今日のわれわれが「お墓の象徴」として認識しがちな「墓石」の起源はいったいいつだろう。遺体埋葬地点に何らかの石の標を添えるという行為は、縄文時代のうちには行われていたようだ。集石土壙《どごう》墓と呼ばれるこのお墓は、やはり墓穴に死者を投げ込むという単純な埋葬方法によって出来たものながら、墓穴を覆う土の上に、たくさんの自然石が集められているのが特徴である。

さらに、縄文中後期になると、墓穴周辺に自然石を環状に敷き詰めたストーンサークル（環状列石）と呼ばれるものが見られるようになる。この石列の示す意味については、研究者の中でも諸説あり、墓標説、祭祀説から、実はただの日時計だったのではないかといった説まで、様々に意見が分かれているようだ。

ストーンサークル(環状列石)の一例。その形状から、何らかの意図の込められた人造物であることは確かだ。

私としては、これこそ日本最古の墓標であると思いたい。ただし、そうだとしても、あくまで「ここにお墓がありますよ」という単純な目印に過ぎなかっただろう。後の墓石のように、死者への敬意や、鎮魂のような深い意味までは込められていなかったのではないか。というのも、墓穴に添えられたこれらの石は、いずれも無加工の自然石だったからである。この時代、すでに石に切れ込みを入れる程度の加工技術は存在しており、人を模《かたど》った岩偶《がんぐう》と呼ばれる土偶の祖も存在していた。もし、祭祀や鎮魂など、何かしらの高度な精神活動の体現であれば、岩偶と同じように何らかの加工が施されているべきだと思うのだ。

墓標は、埋葬場所を示す目印であると同時に、死者の住処であるお墓と、生者の居住空間を区別する役割も担っていたと思われる。「ここに死者がいる」という意味の目印があれば、その上で食事をしたり、踊ったりといったことはされにくかっただろう。この頃すでに、お墓と生活圏がある程度切り離されていたことがうかがえる。

死者を忌避する時代

時代を下って古墳時代。その名が示す通り、古墳の築造が隆盛を極めた時代だが、ご承知の通り、古墳は皇族や首長などの権力者のためのお墓である。彼らのような特権階級こそ、「自分の権力の証」という、これまでとは一線を画したコンセプトの「墓標」を残しているが、国全体から見ればこれは例外といえよう。

一般の人々の暮らしに目を向ければ、この時代、お墓と生活圏の隔絶の傾向が進行している。墓地の遺跡を分析すると、弥生時代以前よりも、墓地の場所が集落から明確に隔離されていることが分かるそうだ。

生者と死者が明らかに隔絶されるようになった時代のお墓に課せられた役割とは、死者がこの世に再び現れないようにするための封印であった。このことを象徴しているのが、『古事記』や『日本書紀』に収められている日本神話、イザナギとイザナミの物語の中で語られた逸話だ。以下にそのあらすじをざっと紹介しよう。

イザナギとイザナミは夫婦の神だったが、イザナミは病気で死んでしまう。イザナギは、亡き妻を思うあまり、「黄泉《よみ》の国」までイザナミに会いに行くが、そこで体中から膿とうじ虫がわいて変わり果てた彼女の亡骸《なきがら》を見ることになる。あまりのおぞましさにイザナギは逃げ出してしまうが、イザナミは彼を追いかける。イザナギは追い詰められるも、間一髪で巨大な「千引岩《ちびきいわ》」で黄泉の国の出口を塞ぎ、なんとかイザナミを退けた……。

自分から会いに行ったにもかかわらず、一目散に逃げ出すとはずいぶんあんまりで、イザナミに同情を覚えてしまうが、それよりもこの「千引岩」こそが、今日の墓石の源流とも言われている点に注目したい。千引岩に課せられた役割は、明らかにこの世とあの世を絶縁し、死者を黄泉の国に封じ込めるためのアイテムだったのである。

死や死者を極端に忌避《きひ》する風潮は、平安時代末期まで続く。当時、〝穢らわしい死者〟を集めた墓地は、村や集落の外側に設けることが一般的だった。一応、埋葬することが建前にはなっていたようだが、今日のようにきちんと個々の埋葬スペースが管理されていたわけでもなく、ほとんど遺体の捨て場所のようなものだったという。芥川龍之介の小説『羅生門』のように、遺体が都の大門の周りにどんどん捨てられていくような世界観だろうか（法律上は、「喪葬《そうそう》令《りょう》」によって、都の内部と道路に死者を埋葬することは禁じられていた。でも実際には小説のような状況もあったかもしれない）。

このように、死者を忌避し、隔絶するような死生観の中では、祖先供養も祖先崇拝もあったものではない。

ちなみに、死者を穢らわしいものと捉え、死を忌避する考え方は、当時の日本だけでなく、原始宗教下の地域に共通して見られる傾向だ。死者を弔う儀式や墓には供養や祭祀の意味合いは薄く、むしろ封印や隔絶といった真逆の趣旨が濃いのである。こうした傾向は、おそらく遺体の腐敗から来る悪臭や恐怖感に対する単純な嫌悪感から発生したものだろう。

このような状況下、庶民は自分の死や、お墓についてどのような思いを馳せていたのだろうか。死んだら集落の外に捨てられるような形で埋葬される事が慣習化されていた以上、死んでも空の上から子孫を見守りたいとか、自分の生きた証だとか、そのように情緒的に捉える余地はなさそうである。死んだらそこでお終い、その後の事は一切考えないという死生観が感じられる。

「来世で幸せになれますように！」という価値観の誕生

死やお墓に対する人々の考え方が一八〇度変わったのは、平安時代の中期から末期にかけてのことである。この時期、人々の間には、釈迦の死後2000年を経ると世の中が乱れ、そして、その時期が間近に迫っているという「末法思想」が広がりを見せており、これが社会不安を引き起こしていた。

「何をどうあがいても破滅は避けられない……」そんな投げやりな絶望が社会に渦巻いていたのである。まるで「ノストラダムスの大予言」に怯える1999年前夜を彷彿とさせる事態だが、それはさておき、世の中が救いを求めていたそんな時代に颯爽《さっそう》と現れたのが、仏教の一派である「浄土教」であった。

僧侶の空也や源信が広めた浄土教は、念仏を唱えて阿弥陀仏にすがれば、死後、極楽浄土へ行けるという教えであり、そのお手軽さ(?)ゆえか、貴族から庶民まで幅広く受け入れられた。死者を穢らわしいものとして遠ざけていた日本人だったが、浄土教の信者は「現世がダメでも来世がある!」とばかりに、まだ見ぬ死後の世界……極楽浄土に思いを馳せ、誰もが、自分自身や家族や親族が極楽浄土へ往生することを望み始めたのである。

やがてこの浄土思想は他の宗派にも受け継がれ、多くの人々が、家族や近しい人の訃報に接すると、「あの人が極楽浄土に行けますように」と、亡き人を想って「南無阿弥陀仏」と唱えるようになる。

これこそが、故人供養の始まりなのである。

いやぁ、いつの世も、社会不安とその救済の動きこそが人々の価値観を一変させる原動力になるものなのだ。

なお、中国、朝鮮半島から伝わった仏教は、多分に儒教の考え方を含んでおり、そこから派生した浄土教が故人供養と親和したのは興味深い。

故人供養の始まりは、宗教と死の交わりの始まりでもあった。浄土教以前も、日本に仏教やお寺は存在していたのだが、実は、それまでのお寺は、葬儀や納骨をほとんど請け負っていなかった。当時、お寺は、基本的に国の資金によって運営されており、僧侶は皇族や国の安泰のための祈禱を担ったり、慎ましく仏教研究を行ったりしているに過ぎなかったのだ。

それが、浄土思想が広まって以降は、寺院墓地が誕生し、貴族層を中心に葬儀や納骨を執り行うようになっていった。

同時に、供養の対象物ないしは故人の象徴として墓石の存在感が大きくなっていく。遺体やそのものを眼前にして、手を合わせて拝むのは憚《はばか》られるという事情から、これは必然的な動きだったといえよう。

墓石の形状は、お釈迦様の遺骨である仏舎利を収めた仏塔の形を簡略化した石塔形のものが主で、同じく仏塔がモチーフとなった五輪塔、あるいは卒塔婆《そとば》を添えることもあった。現在主流のお墓の形態は、ここにその萌芽を見ることができる。墓石が遺体を封印するための重石だった時代は、そんなありがたい形状である必要はなく、自然石然としたものが多かった。存在理由も形状もえらく変わったものである。

このようなお墓が庶民層にまで浸透するには江戸時代まで待たねばならないが、宗教と死がつながりを強めてゆく中で、お墓は死者を隔絶し、封印するためのものではなくなり、死者が安らかに極楽へ行けるように供養するためのものへと変化したのである。

江戸時代になると、貴族層のみならず、武士や庶民にも葬式やお墓が身近な存在になってゆく。実は庶民に仏教式の葬儀やお墓が広まった背景には、政策的な理由がある。それは、江戸幕府によるキリスト教の弾圧だ。

室町時代のフランシスコ・ザビエルによるキリスト教伝来以後、日本におけるキリスト教の普及が進み、幕府も当初はこれを黙認していた。しかし、キリスト教の勢力が高まり幕府にとって脅威に映るようになると、政府は弾圧の姿勢を取り始めることになる。

さらに、1637年、キリスト教の信仰を掲げた百姓一揆である島原の乱が起こると、事態は一気に悪化。幕府は鎖国政策を開始するとともに、キリスト教の禁制を強化することになったのだ。

その一環として定められたのが、今でいう檀家《だんか》制度である。

当時の檀家制度は、寺請《てらうけ》制度とも呼ばれ、武士から庶民に至るまですべての家の信仰調査を行い、必ず仏教のいずれかの宗派の信者にさせ、どこかの寺院の檀家になることを強制するものであった。これにより、仏教は事実上の国教とも言える状況になる。

檀家には、お布施や寄付によって寺院の財政を援助するという義務が課せられ、その代わりに、寺院は檀家の一切の法事を請け負うことになる。寺院にとってみれば、政策のおかげで顧客が増え、お経を読み続ければお金が転がり込んでくるわけだから、丸儲けである。

檀家制度の成立によって、事実上、人々は、家人が亡くなれば、仏教のお坊さんを呼び、仏教式の葬儀を行い、仏教式のお墓をつくるしか選択肢がない状態に追い込まれてしまった。拒否すれば、キリシタンと見なされ迫害を受けることになるからだ。

こうなると、仏教寺院の勢力は増長していく。やがて寺院は、葬儀のみならず、ことあるごとに供養イベントを開催し、檀家に参加を求めるようになる。寺院が定めたお墓参りの日取りは、祖師忌《そしき》（祖師［＝その宗派の開祖］の命日）、仏忌《ぶっき》（お釈迦様の命日である2月15日）、盆、彼岸（春・秋の2回）、祖先の命日と多岐にわたり、お布施や寄付は半ば義務化していき、それらは寺の経営に充てられることになった。

こうした動きの中で、お墓にはまた新たな価値が加わることになる。毎年何度もお墓参りをさせる根拠として、今度は「祖先祭祀」という価値観がつくり上げられていったのである。

祖先祭祀とは、「祖先はいつまでも敬い、慕い、祀り続けなければならない」という価値観である。それまでは、身近な故人が極楽浄土に行けることを願うためにお墓は存在していた。この目的に照らせば、死者を極楽浄土に送った後は、毎年何度もお墓参りをする必要はない。しかし、祖先祭祀の価値観は、未来永劫にわたり、定期的なお墓参りを行う動機づけになる。

やや邪推気味な見方をすれば、祖先祭祀の価値観は、檀家制度に乗じた寺院がお布施の機会を増やすために広めたものともいえるのではないか。

現在でも、こうした価値観は広く浸透しており、祖先を崇拝することによって心の安らぎを得られると考える人が多いのは周知の通りである。

家制度の誕生と崩壊

檀家制度は、明治維新と同時に法的な拘束力を失うが、代わって、「家制度」がお墓の在り方に強い影響を与えることになる。

家制度とは、当時の民法に見られる、家族の中で戸主に家の統率権を認め、家族には戸主を尊重することを求めた制度である。それは天皇を国家の父として捉え、元首として仰ぐ大日本帝国下の天皇制と連結するものであった。

家制度における家長尊重の原則は、祖先尊重、祖先崇拝の考え方と相性が良かった。家制度の下で、祖先祭祀の象徴としてのお墓の存在感はより強固なものとなっていたのである。

1884年には、新墓地開発の原則禁止を定める墓地及埋葬取締規則が制定される。実は、それまでお墓と言えば、一人が亡くなる度にひとつのお墓が建てられるという個人墓が主流だったのだが、同規則の制定以後、たくさんのお墓は建てられなくなり、そのため、家族代々がひとつの墓に入る家族墓が一般的になった。「先祖代々の墓」、「○○家の墓」という墓字や、墓に家紋を彫るという行為も、この頃から一般化するようになったといわれている。

家とお墓が強固に結びついていくと、お墓の出来・不出来が家柄の良し悪しを表すという発想が生まれる。家柄や家系という、本来目にも見えず、比較の困難だった概念が、お墓の外観という形で可視化され、一種の豊かさ指標になったのだ。

これによって、「自分の家柄や家系をアピールするために、他人よりも立派なお墓を構えたい」、「世間体を気にしてみすぼらしいお墓など建てられない」といった発想が庶民にも浸透するようになっていく。

このような時代の流れを経て、お墓を建てる際には、家長にお伺いを立て、祖先や子孫の名誉を尊重し、世間体に配慮しなければならないといった風潮が出来あがる。建墓にかかるお金も増え、やがて「お墓にお金をかけるのは当たり前」、「お金はかければかけるほど良い」、「お墓代を節約しようだなんて恥ずかしい」、といった現在の価値観へとつながっていったのである。

しかし、不思議なものだ。檀家制度は明治維新期にすでに法的拘束力を失い、家制度も戦後民法下で解体している。また、家庭の在り方そのものも、若者の都市部一極集中化、核家族化、少子化の進行等により、ずいぶんと様変わりしているのは周知の通りだ。

その結果、遠い祖先に思いを馳せる機会は減り、むしろ自分自身や極めて身近な親族を愛おしみ、供養したいという社会の要請が顕在化しているといえるのではないか。

このようなニーズに呼応するのは、お墓が家と強固に結びつき、「祖先祭祀」の役割が課せられる以前の、ちょうど平安時代から室町時代あたりのお墓の在り方である。つまり、「身近な人があの世でも幸せに暮らせますように」という供養の気持ちを満たしてくれる、身の丈に合ったお墓なのである。決して、家柄や祖先の威光を曇らせないことを目的とした、豪勢にそびえ立つお墓ではない。いつの間にか、多くの消費者が求めるお墓は、江戸時代以前のものに逆戻りしているのである。

ところが、残念なことに、そうした消費者側のニーズの変化と、お墓を供給する側の意識は必ずしも合致していないのが現状だ。

相変わらず、お墓をつくるには数百万円かかるのが当たり前、というスタンスの価格設定が主流であり、「より広い区画、より良い石、様々な装飾品の付属を追求することが、祖先のためになるのです」との営業ポリシーが一般的だ。お墓を購入する機会など人生に一度くらいしかない消費者にとってみれば、プロからそう言われれば容易に丸め込まれてしまう。このギャップは、大いに問題だ。

今こそ、われわれは「自分や身近な親族が満足できるお墓がつくれればそれで良い」という自らの声にしっかりと向き合い、大金をかけずとも満足度の高いお墓をつくる方法を知らなければならない。また、事業者にもそうした要望をきちんと伝えなければならないと思うのだ。

第二章

永代使用料を10万円台に抑える方法

暴利？ 薄利？ お墓の利益率とは

今や多くの消費者が、お墓に100万円や200万円もの価値は感じていないのに、寺院や石材店がそうした値段を当たり前のように提示し続けるのはなぜだろうか？

こちらも鬼じゃない。「200万円で売っても利益はどう頑張っても10万円なんですよ」という事情があるなら、それを無理に値切って50万円で売れとは言うまい（だからと言って、定価で買うこともしませんが……）。しかし、正直言って石の原価がそんなに高いとは思えないのである。

そもそも、お墓に関する事業構造や利益構造は一般人にとって極めて不透明であり、そのあたりがお墓の価格設定に対する不信感の原因のひとつになっている。

墓石自体の原価は、同じ石種でもその時々の産出量、仕入れルートによって仕入れ値が変動するため、一概にいくらとは言いにくい特徴があるが、原価率としては概ね10％から15％前後の範囲。大衆向けの飲食店の原価率は30％程度というから、それを考えると利益率の高さが目立つ。ううむ。やはり暴利をむさぼっているのだろうか。

ところが、調べてみると、どうもそう甘くはないようである。多くの石材店は、ただ漫然と石を仕入れて販売しているだけではない。霊園や寺院と連携し、自らの商圏を確保し、安定的に収益を得るために彼らに出資を行い、そこで建墓する独占権を得ているのである。これに費用がかかるのだ。土地代や霊園の工事費といった霊園開発費、霊園経営母体の宗教法人名を営業に使用する名称使用権の他、霊園が持つ墓地区画の営業権をあらかじめ買い上げることもあるそうだ。こうした費用は販売価格に転嫁され、お墓一基あたりの価格の40％から50％を占めるという。

これを考慮すると、粗利は約45％前後。ここから広告宣伝費、人件費、その他販売経費などが引かれる。特に広告宣伝費は、多くの石材店にとって重荷になっているようだ。言われてみると、確かに新聞の折り込み広告やポスティングのチラシには霊園関連のものが多い。あれに結構お金がかかるのだ。

こうした広告宣伝を積極的に行う石材店の利益率は、おおよそ10％前後にまで圧縮されるという。加えて、今は石の仕入れをほとんど中国からの輸入に頼っており、昨今の中国における人件費の高騰や、為替の変動によって利益率が圧迫されている。こうした事情を考えると、墓石業界は必ずしも左団扇《ひだりうちわ》の業界ではないといえるだろう。


とはいえ、再三述べたように、今やお墓に価値を感じる人が少なくなっている時代である。企業努力や抜本的な構造改革によって、価格を下げて顧客ニーズに寄り添うか、そうでなければ付加価値を創出して価格を上げるしかないと思うのだが、果たしてそうした認識が葬送業界にあるのかは疑問だ。

葬送業界向けのある専門誌を読んでいたら、「お墓の価値を上げるためには、お墓には祖先崇拝の役割があり、一般の消費財とは異なるものだということをきちんと顧客に説明することが大事である」などと書いてあった。

ハッキリ言ってこれでは見通しが甘く、時代錯誤だと言わざるを得ない。江戸時代だって、キリスト教の弾圧や檀家制度といった政策が背景にあったからこそ、お墓の需要が増し、維持されたのだ。それなのに、今の時代に、そうした後ろ盾もなく、単に教義を説くだけで高価格のお墓を求めるニーズが復活すると考えているのだとしたら、これはちょっと見当違いなのではないか。

業界がこのようなスタンスから脱却できないのであれば、やはり消費者側から、能動的にお墓を安く手に入れる方法を探っていくしかないだろう。

お墓にかかる費用の内訳は？

お墓を安く手に入れる方法を語る前に、まず、お墓を手に入れるためにかかる費用の内訳を説明しよう。

お墓の販売形態は、例えるなら分譲マンションに近く、買い手は、分譲マンションでいうところの土地代に相当する「永代使用料」と、上物《うわもの》代に相当する「墓石代（施工費含む）」を支払う必要がある。

加えて、「管理費」という名目の毎年発生する費用もある。分譲マンションにおける管理費と同様、通路や休憩所、備品といった共用部分の維持のために使われるお金だ。管理費の目安は、年間数千円から一万数千円、都心の高級墓地でも年2万円程度と、高額というわけではなく、節約の余地も少ない。ただし、子子孫孫《ししそんそん》、お墓が続く限り支払い義務があるので、その点からすると軽視はできない。管理費の支払いが長期間滞った場合、お墓を撤去する手続きが行われるきっかけとなる。

なお、管理費の支払い方法は、年に一度支払いが発生するのが一般的ではあるが、10年、20年分を一括で支払う制度になっている墓地もある。その場合は初期費用がかさむ要因になるので注意が必要だ。

お墓にかかる費用の内訳

永代使用料

土地代に相当するが、得られるのはあくまで使用権であり、所有権ではない。
平均30万円～80万円。

墓石代

上物である墓石の代金(設置施工費を含む)。平均90万円～160万円。

管理費

墓地の共用部分の維持のために毎年徴収される。
年間数千円～1万数千円と高くはないが、10～20年分を一括徴収する墓地も。

「永代使用料とは、その名が示す通り「永代的に土地を使用するための料金」といった扱いであり、土地を自分のものにするためのお金ではない。つまり、永代使用料を支払っても、その土地の所有権自体は墓地のオーナーに残る。われわれ消費者は、土地を永遠に使用する権利（永代使用権、墓地使用権などと言われる）を得るのみである。言ってみれば、半永久的な賃貸契約のようなもので、ここが分譲マンションとは異なる点だ。買ったマンションなら、手狭になったり不要になったりすれば転売できるが、所有権のないお墓は、勝手に処分することはできない。

また、永代使用権者は、墓地管理者が定める使用規則に従わなければならない。使用規則には、お墓以外の用途で区画を使用することの禁止や、管理費の支払い義務等が記されている。

もし、契約者が使用規則に違反すればどうなるか。その場合は、これも使用規則の定めにより、使用権を返還しなければならない。よくある契約解除事由はやはり管理料の滞納だが、意図的な滞納というより、承継者が絶えてそもそも管理料を払う人がいなくなったことによる未払いが主だという。

さて、永代使用料の相場はいくらくらいなのだろうか。多寡を決める要素は、住宅やマンションとほぼ同じで、立地、交通利便性、面積の広さなどである。

住宅を選ぶとき、立地や広さにこだわり始めれば価格は天井知らずになってしまうのと同様、永代使用料もピンキリである。それほどこだわり過ぎずに、その土地土地における平均的な区画面積の墓地を選択するなら、概ね30万円から80万円の範囲といったところか。平均と言っておきながらこんなに金額の幅を取らざるを得ないのは、永代使用料は地域によって顕著に差があるので、全国的な平均値にはあまり意味がないからだ。

地方であれば50万円以下で済むことが多いが、都市部ではそうはいかない。東京都心などでは100万円でも足りない場合もしばしばだ。東京に限らず、名声や由緒ある墓地を選ぶと、数百万円、1000万円という金額を目にすることもある。

これに、上物であるお墓の代金も加わるのだ。どうも到底手が出ない。そんな永代使用料を安く抑える方法は大きく分けて二つある。すなわち「面積を小さくする」、「安いエリアで探す」というアプローチだ。

小さなお墓に遺骨が入るのか？

狭い土地は安い。これは万物の法則である。もちろんお墓にも当てはまる話だ。同時に、狭い土地は住みにくい、というのもまた真理である。しかし、ことお墓に関してはどうだろう。お墓は生者の住処ではないから、安く済むなら狭くたって構わないのではないだろうか。

そもそも、平均的なお墓の面積はどのくらいか。これまた、地域によって大きな差がある。均《なら》せばおおよそ2㎡といったところだが、都市部では

2㎡以下、地方では2㎡以上とクッキリ分かれるだろう。墓地全体の面積が広い霊園タイプの墓地であれば、1㎡以下から5㎡程度の墓地区画まで、多彩なプランを用意している。

コストパフォーマンスを追求するならば、面積は小さければ小さいほど良い、ということになる。実際、1㎡前後のお墓であれば、平均価格を下回る、30万円以下の永代使用料を設定している墓地は多い。ならば1㎡一択で決めるしかない、と言いたいところだが、どうしても頭をよぎるのは「そんなに小さいお墓で大丈夫なのか?」という不安だ。小さ過ぎるとお墓として用を為さないのではないだろうか? 見た目が良くないのではないだろうか? 検証してみよう。

1㎡のお墓に、どのくらいの遺骨が入るのか。1m×1m四方。ちょうど4人掛けのダイニングテーブルくらいの大きさだから、決して小さくはない。

ここに納められる骨壺の数、想像つきますか? ダイニングテーブルに骨壺を並べた様を想像してほしい……と言いたいところだが、ちょっと怖いので、正解を言おう。

およそ6個程度だ（東日本で標準の7寸＝直径約22cmサイズの骨壺を想定。なお西日本では4寸＝直径約12・5cm程度が標準であり、納められる数も多くなる）。ちなみに、骨壺の正式な数え方は一口《いっく》、二口《にく》だが、「個」の単位も一般に使われるそうなので、本書では分かりやすさを優先して、以下、「個」を用いる。

骨壺6個ということは、例えば、父、母、自分、配偶者、子ども、子どもの配偶者までは一緒に納めることができるということだ。三代同じお墓に納まることが可能なのである。まずまずの収納性ではないだろうか。

3㎡のお墓となるともはや大き過ぎる。納骨棺が満杯になるのは、ともすれば数百年先かもしれない。人間が想像できるのはせいぜい100年先の未来だ。五代、六代先もきれいに骨壺を並べておきたいというこだわりがあれば別だが、そうでなければ、2㎡も3㎡もするお墓は不要なのである。

1㎡以下！「極小」お墓の世界

いや、1㎡くらいで満足してはいけない。永代使用料はもっともっと安くできるのだ。実は探してみると、1㎡どころか、0・5㎡、0・2㎡といった「極小」のお墓も決して珍しくはない。比較的、都市部に多いのは、地価が高止まりしている影響が大きい。1㎡の区画でも50万円以上するような地域では、お墓を買える人が極めて限定されてしまうことから、区画面積を極小化することで価格を抑えようという工夫が生まれやすいのである。

地方出身者はびっくりしてしまうほどの小さなお墓だが、都市部の駅から徒歩でお墓参りができるような好立地で、永代使用料が10万円台でで済むというのはかなり破格であり、魅力的な価格といえる。

とはいえ、数十センチ四方のお墓となると、さすがに小さ過ぎやしないだろうか。東京都心の閑静な住宅地の一角にある某お墓は、なんと0・1㎡。永代使用料は18万円と、立地を考えればお安いことは確かだが、これは本当に小さい。

この原稿を書いているノートパソコンの寸法を測ってみると、40cm×25cmでちょうど0・1㎡。ノートパソコン並みの大きさのお墓っていったい……。さすがに、遺骨がちゃんと入るかどうか心配になってしまう。

この点を石材店の担当者に尋ねてみたところ、「納められる骨壺は二個が限度ですね」という。しかも、収納方法は、骨壺を横に並べるのではなく、二段構造になっている納骨棺に、ひとつずつ縦に並べるとのこと。

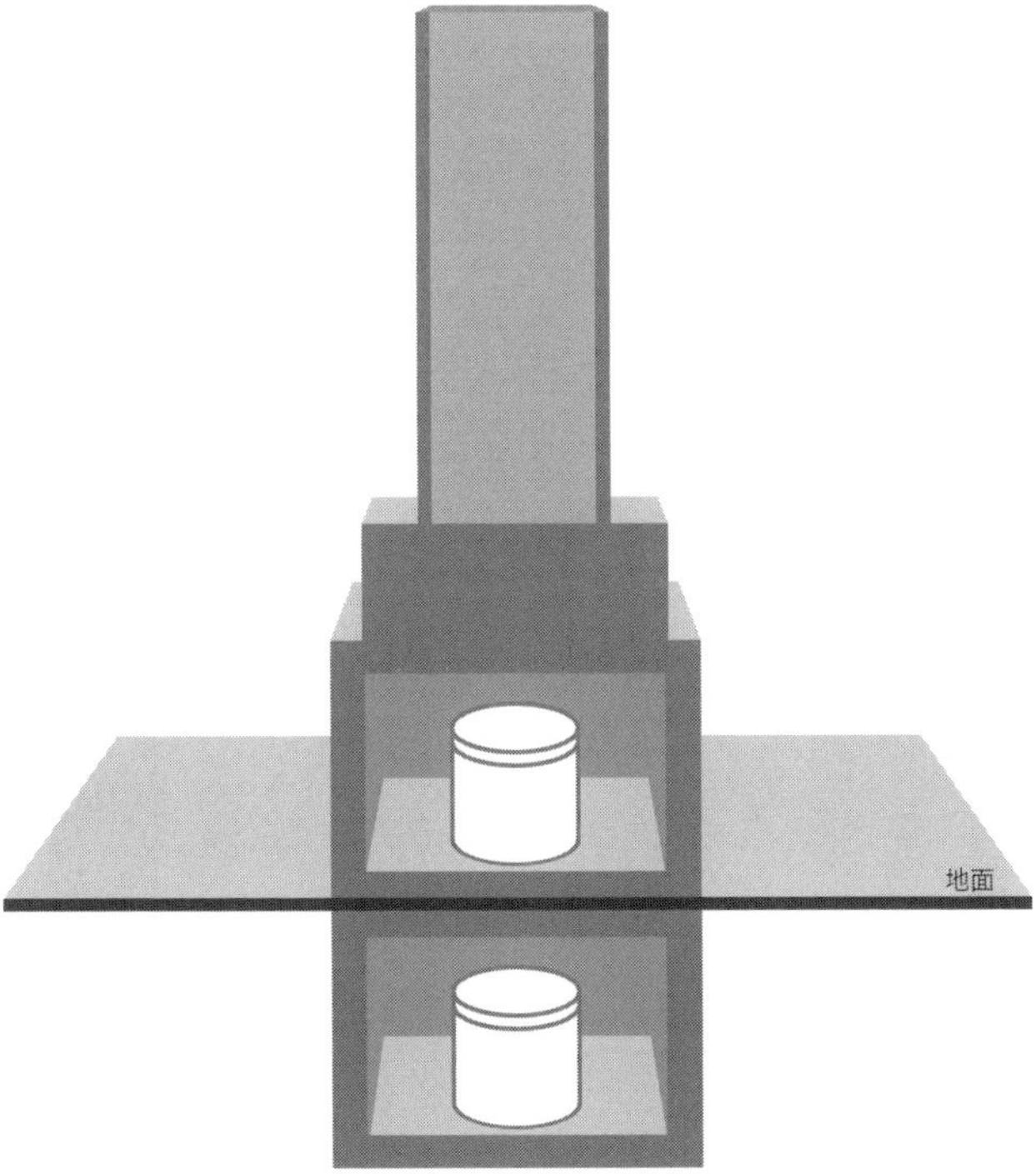

0.1 ㎡程度のお墓の例。かろうじて香炉もしくは花立がついている。両方揃うことは稀。納骨棺は、地上、地下の二段式になっている。

骨壺二つ……これはさすがにちょっと少ないか？　自分の両親のためにお墓を買ったとすれば、両親が二人入るとそれで満杯になってしまうということだ。その後に控えている自分の骨はどうするのか。もう1基どこかにつくるとなると、かえって費用がかさんでしまう。

「その場合は、失礼な言い方になってしまうかもしれませんが、古いお骨から順に骨壺から取り出しまして、土に還していくことになります。そして新しいお骨を新しい骨壺に入れてお墓に納める形になります」

と担当者。その繰り返しによって承継してゆくのが小さなお墓の在り方、ということである。

もっとも、これは大きなお墓も同様で、納骨棺が満杯になったときには、古い遺骨から順に骨壺から取り出して地面に置くのが通常のやり方だ。ただ、極小タイプのお墓の場合、そのサイクルが早いのが特徴である。

お墓が一代で満杯になり、自分がお墓に入るときに親の遺骨を、あるいは自分の子どもが自分の遺骨を、骨壺から取り出す行為を許容できるかどうかが、この手のお墓を受け入れられるか否かの分かれ目になるのではないか。なお、骨壺から遺骨を取り出す作業はお坊さんや墓地管理者が請け負うことが多く、遺族が自分で行うことは少ないという。

ちなみに、お墓には、納骨棺の底面が土のものと、コンクリートのものと2種類の構造がある。底面が土であれば、骨壺から取り出した遺骨はそのうち土に還っていくが、コンクリートだと自然には還りにくい(現在では、水はけをよくするために多少土の部分を残している納骨棺が多い)。コンクリートの場合は、納骨棺の底に遺骨を放置するか、古い遺骨を粉骨したうえで、ひとつの骨壺に何人か分の遺骨をまとめて納めるという手段をとることが多いという。

もし、「骨壺から親の遺骨を取り出すのはちょっと……」と考えるあなたは、いっそのこと、最初から骨壺を使わずに納骨するという選択肢もある。

実は、遺骨を骨壺に入れたまま納骨しなければならないという決まりはない。東北地方や関西地方の一部など、骨壺を使わずに、遺骨を麻袋等に入れて納骨するのが一般的な地域もある(これらの地域の読者にとっては、骨壺がいくつ入るの入らないのと論じていること自体が不思議でしょう)。骨壺を用いる風習の地域であっても、裸で遺骨を納めるのを拒否されることは、通常はない。

筆者は関東在住で、骨壺を使う風習のもとで暮らしているが、よくよく考えてみると、いらないのかもしれない。骨壺は、故人の遺骨に対する尊重の念から生まれたものだが、手元に残しておくというならまだしも、一旦お墓に納骨してしまえば、もはや手に取ったり目にしたりする機会は、当然のことながら、ほぼない。ましてや、納骨棺の整理の際に骨壺から遺骨を取り出すのに抵抗感を覚えるというのであれば、もう最初から取り出さないことを前提に、骨壺を使わずに納骨するというのも一案ではないだろうか。

小さなお墓で、気持ちよくお墓参りできるのか？

極小お墓を選ぶうえで気になるもうひとつのポイントは、墓地の快適性だ。「遺骨の収納スペースが少ないのは許容できたとしても、小さなお墓は見た目がパッとしないなぁ」と、二の足を踏む人は少なくない。

確かに、0.1㎡ともなると、繰り返しになるがノートパソコンくらいの面積。0.3㎡でも二口ガスコンロと同じくらいのサイズである。どうしても見た目はこじんまりとしてしまうような……。このあたりは、個々の感じ方にもよるので、実物を見てみないとなんとも言えない。よし、極小お墓の見学へ行ってみよう。

よく晴れたある冬の日。霊園散策にはうってつけの天候だった。

まず訪れたのは、都内の一等地にある民営霊園。0.2㎡強の区画を集めた霊園だ。およそ40cm×50cm程度の寸法で、うちのガスコンロよりは小さく、洗面所の洗面ボウルくらいの大きさだ。永代使用料は30万円。

この界隈は１㎡でも１５０万円から２００万円するエリアであることを考えると、妥当な価格設定だ。

しかし、立地は一等地でも、正直に言って、お墓の見た目は確かにパッとしなかった。

墓石の大きさは、例えが悪くて恐縮だが、ちょうどパチンコ台程度で、それが敷地内にずらっと一列に並んでおり、墓石は側面同士がほぼくっついた状態で隣り合っている。その列がさらに十数列、敷地いっぱいに連なっているのだから、まさにパチンコ店の店内のようだ。隣のお墓の参拝者と並んで参拝したら、駅のホームで整列しているくらいの距離感である。

列と列の間の通路は１ｍほどで、二人がすれ違うのは少々厳しいくらいの間隔。向かい合った列で同時に参拝すると、お尻とお尻がぶつかるのは避けられない。

墓石自体に目を向けると、家名が刻まれた棹石《さおいし》と、簡略な花立てと香炉とで構成されているものがほとんどであった。０・２㎡では、墓誌などの付属品の設置は望むべくもない。

残念ながら、この墓地では窮屈さは否めなかった。小さな墓石がところ狭しと並んでいて、あまり落ち着きや安らぎを感じる環境とは言い難いのだ。高台にあるので、見晴らしは良く、ひとたび墓所から出れば都内にしてはなかなかの開放感を味わえるのだが……。これでは、いくら安くてもあまりおすすめはできない。

「やはり1㎡にも満たないお墓は、ちょっと無理があったのかもしれないな……」

そんな思いを抱いて、墓地をあとにしたのだが、いや、待て。ひとつの墓地の見学だけで結論を出すのは早計だ。他の極小墓地にも足を伸ばしてみることにしよう。

そう思って訪れたのは、都心から少し離れた霊園。一番小さい墓地区画に案内してもらったところ、約0・17㎡のものがあるという。さっきのお墓よりも狭いのか……。不安だ。寸法は44cm×40cm。我が家にある、オーブンレンジの面積くらいだ。なお、永代使用料は10万円。安い。

「確かに安いが、これではやはり残念な思いをするだろうな……」と、期待せずに足を踏み入れたところ、びっくりした。

どういうわけか、先ほどよりもずいぶん広く感じたのだ。墓石同士が間を空けずに一列に並んでいるという「パチンコ店」状態は一緒、しかも先ほどの墓地区画よりも狭いのに、この違いはいったいなんなのだろうか。

それは、通路の幅にあった。先ほどの霊園が、お墓の列と列の間の通路の幅が1mほどだったのに対して、こちらの霊園は1.5mほどあるのである。通路ですれ違うのも何ら問題はない。たった50cmの違いでこうも快適性が増すとは驚きだ。

また、敷地内の空間が広くとられているのも、快適性の向上に大きく寄与しているようだ。通路の交差も多く、ところどころには木々も茂っている。

墓地区画自体は紛れもなく小さいのだが、その周りに余裕のある空間を演出することで、庭園を思わせる開放感が実現できていることが分かる。そのことによって、墓石を実際の大きさ以上に大きく見せることに成功しているのだ。ここなら、十分に安らぎを感じながら眠りにつけそうだし、お墓参りも落ち着いてできそうだ。こうしてただ歩き回っているだけでも、かなり快適だった。

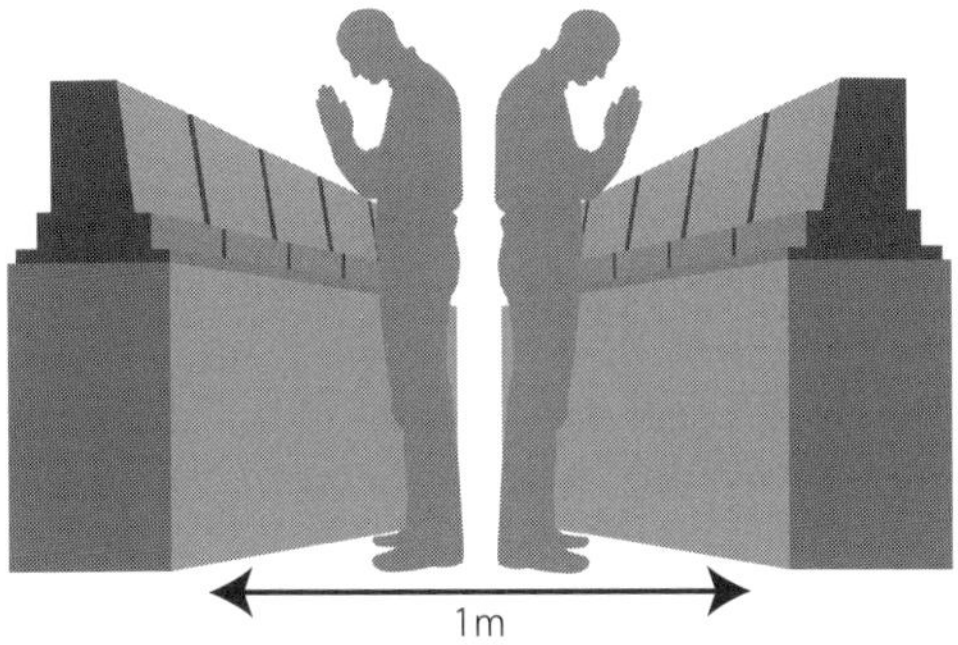

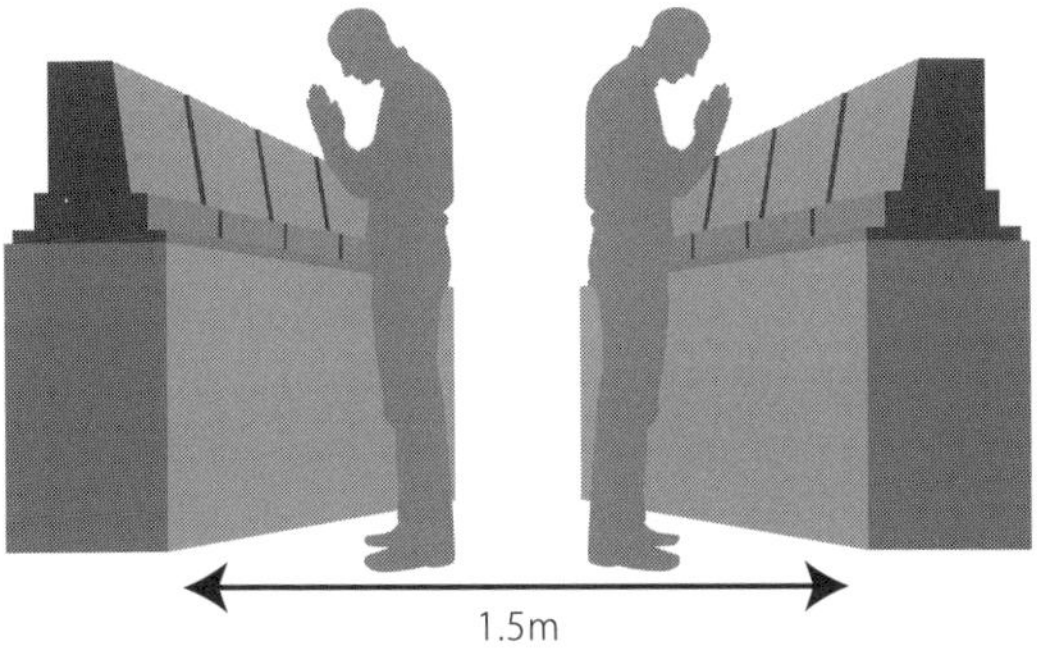

墓地区画面積が狭くても通路などの空間が広ければ、快適性は高いのだ。

案内してくれた霊園の営業マンの方は、強引に営業をするわけでもなく、急《せ》かすわけでもなく、こちらの質問に笑顔で丁寧に色々と教えてくれた。思わず、「本当にここで小さなお墓を買ってもいいかもしれないな」と考えてしまったほどだ。

こうしてみると、お墓の快適性というのは、墓地区画の面積というより、墓所全体の空間の活かし方に左右されることが分かる。

考えてみれば、墓地区画面積が1㎡や3㎡あったとしても、通路が50cmしかなければ間違いなく窮屈だろう。逆もまた然り。墓地区画面積が0.2㎡もなかったとしても、通路や空間が開放的に設計されていれば、圧迫感のない、落ち着ける空間が実現できるのである。これは大きな発見だった。

通常、永代使用料の価格は、墓地区画の広狭と強く連動しており、墓所の共用部分の広狭はそれほど価格に反映されない。もし、小さなお墓の見学に行って、窮屈さを感じてしまったら、「やっぱり多少予算オーバーしてでも、もう少し広い区画面積のお墓を探そう」と判断する前に、同じくらいの区画面積で、通路や出入り口などの共用部分が広いお墓を探してみることをおすすめする。

お墓のカタログやチラシには、必ず墓地区画の面積が大きく記載されているが、その面積だけでお墓を選ぶのは早計ということだ。面積という数値に惑わされることなく、実際に霊園に足を運び、墓所全体の空間設計によってお墓選びをすることが大切である。そのような選び方を心がければ、0.1㎡前後の極小なお墓であっても、検討の余地は十分にあるだろう。

あえて田舎で墓を買え！

人口の都市一極集中の傾向が高まっている。地方は過疎化が進む一方だ。都市に居住地を移した家族は、昔から田舎にあるお墓の扱いに困ることも少なくない。そこで、近年「改葬」のニーズが高まっているという。

簡単に言えば「お墓の引っ越し」で、田舎のお墓を更地に戻して遺骨（骨壺）を取り出し、家の近くにお墓を買ってそこに移し替えるのだ。いやはや、お墓の都市一極集中時代が来る日も近いのかもしれない。

しかし、筆者はあえて言いたい。今こそ地方でお墓を買うべきだと。地価の安いエリアでお墓を買えば、当然永代使用料を安く抑えることができるからだ。

改葬をすすめる人はこう言う。

「地方のお墓は不便だよ。若いうちは良いとしても、年を取って車の運転や長時間の移動が億劫《おっくう》になってくると、お墓参りもなかなかままならないよ。都市部で、家の近くにお墓を買う方が絶対便利ですよ」と。

だが、冷静に考えてほしい。不便、便利と言いますけれど、お墓は、家や職場、病院などと異なり、頻繁に行き来するような場所ではない。納骨後しばらくは、月命日など、頻繁に足を運びたくなるのが人情ではあるが、基本的には年に一、二回行くかどうかだろう。そのくらいの頻度で行く施設に対して「近い方が便利」と言うのはいささか乱暴ではないか。

例えるならば、「遊園地の近くに住めば、行きたいときにすぐに行けるから便利ですよ」などと言うようなものである。

むしろ、あえて都市近接や交通利便性は考えずに、地価の安い遠方の土地にお墓をつくるという選択肢の方にこそ価値がある。何も、縁もゆかりもない場所にお墓をつくれと言っているわけではない。それではお墓参りの足は遠のくだけだろう。そうではなくて、思い出の場所や思い入れのある土地など、縁のある地域を選んでお墓をつくるのだ。そうすれば、永代使用料も安く済むし、故人や家族の満足感も得られる。例えば、観光地や温泉街の近くにお墓をつくれば、遠方を理由にお墓参りが負担になるどころか、かえって家族旅行のような前向きな気持ちで足を運べるだろう。

筆者は東京在住だが、さしずめ群馬県富岡市かその周辺の自治体でお墓をつくりたいと考えている。この地には群馬サファリパークがあり、動物好きの筆者はよく遊びに行く思い入れのあるスポットなのだ。富岡市には、他には世界遺産となった富岡製糸場や、周辺には温泉街もあり、観光地として栄えている。高崎市や前橋市あたりまで候補に入れれば、東京から車や新幹線でのアクセスも良いし、在来線でも十分に行ける距離だ。このあたりの墓地の永代使用料は、広さや自治体内での立地差によってピンキリだが、5万円前後から10万円未満のお墓も散見される。お墓参りのついでに観光地や温泉に立ち寄れて、それで永代使用料が10万円以内で済むなら良いことずくめではなかろうか。

実際に遠方にお墓をつくるとなると、家族や親戚の了承は得なければならない。妻は筆者の動物好きにうんざりしているので実はハードルが高いのだが、安価で済むと説得すればなんとかなるだろう。

ところで、こちらは建墓を希望していても、墓地側はどうだろうか。遠方の居住者でも受け入れてくれるのだろうか。いくつかの霊園やお寺に尋ねてみると、

「まったく構いません！東京の方でお買い求めになる方もおられますよ」

と色よい返事。

「安心しました。県外に住んでいると買えない墓地もあるのでしょうか？」と、念のため聞いてみたところ、

「自治体が運営する公営墓地であれば、居住地による申込制限はあると思いますが、民間やお寺が運営する墓地だと、そういう話はウチでは聞いたことがないなぁ。ほとんど問題ないのではないでしょうか」

とのこと。基本的には、遠方のお墓でも購入するのにハードルはないと言えそうだ。ただし「公営墓地」だと制限があるという。ここは気になるところだ。

ヨソの自治体の安い公営墓地を買えるか？

公営墓地とは何か？ 実は、日本の墓地は、その運営主体によって三タイ

プに分類することができる。すなわち、

①寺院墓地
②民営霊園
③公営墓地

の三つだ。

お墓を購入するうえで、これらのうちどのタイプの墓地を選ぶかは非常に大事な問題だ。タイプによって、墓地の利用条件や永代使用料の金額が大きく異なるからである。安価かつできるだけ良い条件でお墓を選びたいのならば、タイプごとの特性を知ることは必須だ。順に解説していこう。

①寺院墓地

寺院墓地とは、宗教法人が信徒のために運営・管理する墓地のことだ。安価にお墓をつくろうとする場合、一番選択肢から外れやすいのがこのタイプ。他の2種類の墓地に比べるとお金がかかることが多いのである。寺院墓地は、寺院の歴史や格こそが最も強い価格決定要因であり、有名寺院だと、地方だろうが田舎だろうが、お構いなしに永代使用料が１００万円以上ということも珍しくない。

また、寺院墓地にお墓をつくる場合は、そのお寺の檀家、つまりお寺の宗派の信者になることが求められる。檀家になると、法要はそのお寺で行わなければならない。

檀家になるということは、永代使用料、お墓の施工費、管理費の他に、入檀料や、その後も寄付やお布施が求められるということだ。しかも、これらの値段はお寺によってまちまちで、お代はいくらかと尋ねると「お気持ちだけで結構です」と返されることも多く、現代人としては困ってしまう。イベント毎に数万円から20～30万円くらいの範囲であることが多いようだが、料金体系は明確とは言えない。

寺院墓地のメリットは、お寺の格の他、常駐のお坊さんによる定常的な管理、手厚い法要、朝夕に読経が流れる風情ある環境といった、他のタイプの墓地ではなかなか実現できない付加価値によるところが大きい。

加えて、お寺は街中や住宅地にあることも多く、その立地の良さが価値を押し上げていることもある。

毎日の掃除や読経は確かに魅力的ではあるが、無宗教な私に言わせれば、お金持ちのための過剰なサービスという気がしてならない。信仰にこだわりのある人は寺院墓地を選ぶことで心の平安を得ることができるだろうが、「お墓をできる限り安くつくりたい」と考えている人にとっては、一般的には不向きなことが多いだろう。また、墓石のデザインは伝統的な和型墓石しか認められない、次項で詳述する「指定石材店制度」を採用している墓地も多く、石材店を自由に選べないなど、制約が課せられることが多いのもネックである。

②民営霊園

民営霊園とは、宗教法人や公益法人が、宗教不問で一般に向けて運営・管理する墓地のことだ。顧客ニーズを捉えた柔軟なサービスが特徴で、明るい雰囲気や見晴らしを重視した立地、デザイン性の高い墓石の建立が可能であったり、ペットの遺骨も一緒に納められたりするなど、自由度は抜群に高い。

永代使用料の金額は、立地やセールスポイントの内容にもよるが、三種類の中で概ね真ん中と考えてよいだろう。

注意すべきは、民営霊園のほとんどが採用している「指定石材店制度」だ。民営霊園では、霊園の運営者と石材店が提携、もしくは石材店が墓地経営に出資し、主体的に関わっていることが多いことから、その霊園でのお墓の施工は、ほぼ必ず墓地と関係のある指定の石材店で行うルールになっている。客が懇意にしていたり、客が自分で見つけた安い石材店を使ったりすることは許されない。それが指定石材店制度である。

実際、民営霊園の見学にいくと、案内してくれる担当者は実は石材店の営業マンで、そのまま永代使用権の許諾契約と墓石の施工契約を同時にすることになるケースが多い。指定石材店制度のもとでは、購入者が指定外の石材店と契約交渉することはできないのである。

このことは、墓石代の値引き交渉を考えるうえでやっかいだ。施工石材店が一社に決まっているということは、複数の石材店に相見積もりをとって、価格競争をさせることができないということだ。するとどうなるか。言い値での契約にならざるを得ないのである。

つまり、せっかく郊外や地方の民営霊園を選ぶことで永代使用料を抑えられたとしても、墓石代がかさんでしまい、トータルコストでは割安感をおぼえにくいのである。

指定石材店制度は、墓地を購入するためには望まない石材店と契約しなければならないという意味において、消費者が自由に石材店を選択する自由を奪っており、独占禁止法が禁じる抱き合わせ販売に該当するのではないかとの指摘も根強い。少なくとも、消費者に優しい制度とは言えないだろう。

③公営墓地

最後に公営墓地だが、これは自治体が、主に自治体構成員のために運営・管理する墓地だ。地域によっては自治会が運営を担っていることもある。

公営住宅や公団住宅が安価であるのと同様、同じ地域の民営霊園や寺院墓地に比べると一般に安価であり、できるだけ安くお墓づくりをしたいと考えている人にとって公営墓地はオススメだ。ほぼ地方に限るが、中にはなんと永代使用料が数千円～数万円という墓地も散見される。数千円……。都市部や寺院墓地で何十万円もの永代使用料を支払うのがちょっと馬鹿馬鹿しくなってしまう値段である。

そして何より、公営墓地は指定石材店制度を採用していない。つまり、自分の好きな石材店を選ぶことができるのだ。自治体が特定の石材店と癒着するわけにはいかないから当然なのだが、これは、墓石代を交渉するうえで消費者に大いに有利といえる。

中には、東京の多磨霊園のように人気と伝統を誇る公営墓地もあり、民営霊園や寺院墓地ともあまり変わらない料金設定になっているが、そうしたケースは例外中の例外。間違いなく、公営墓地は安いのである。

公営墓地のデメリットは、まず公営住宅などと同様、安価ゆえに需給バランスが取れておらず、恒常的な供給不足が目立つという点だ。空きのない公営墓地を希望する場合は、新規造成や、契約者の改葬等による墓仕舞いによって、空き区画が出るのを待つしかない。僅かな空き区画を巡って、順番待ちや抽選が繰り広げられることもしばしばあり、何年も遺骨を家に保管しながら気長に当選を待っている人もいる。

極端に安い公営墓地は立地もあまり良くない。山間部など、車で行くのも一苦労、という場所にあったりする。また、サービスの質も民間にはかなわないところが多い。自治体や設営年数にもよるが、特に地方の古い公営墓地は、草ぼうぼうだったり、水はけが悪かったりと、昔ながらの「怖い墓場」といった雰囲気のところもある。新しい公営墓地はそうでもないのだが。

最もネックになるのは墓地の使用条件だ。自治体によって多少差はあるが、その自治体の住民であるか、本籍があることをお墓の使用条件として掲げるところがほとんどなのだ。つまり、東京在住の筆者が、群馬県やその他の自治体の公営墓地を買おうとしても、使用条件を満たさず認められないのである。

墓地の種類ごとの特徴

	①寺院墓地	②民営墓地	③公営墓地
運営主体	宗教法人	宗教法人 公益法人	自治体
ターゲット	その宗教の信徒のみ	広く一般(ほとんどが宗教不問)	広く一般(宗教不問)
メリット	●常駐のお坊さんによる定常的な管理 ●手厚い法要 ●荘厳な雰囲気	●明るい雰囲気 ●デザイン墓石やペットの納骨など、自由度が高いことが多い	●永代使用料が安価であることが多い ●指定石材店制度を採用していない ●運営主体に永続性が期待できる
デメリット	●檀家になる必要があり、入檀料や布施等の費用がかかる ●使用規則が厳しく自由度が少ないことが多い ●指定石材店制度	●指定石材店制度により、客は石材店を自由に選べない(墓石代の値引き交渉が困難)	●供給不足の墓地が多い ●立地が良くないことがある ●自治体住民(または本籍を有する者)にしか購入を認めていないことが多い

公営墓地の使用を巡り、役所とバトル！

自分の住む自治体の公営墓地が希望に沿っていればそこを使えば良いだけの話だが、隣の市や、思い入れのある遠くの町にもっと安くて良い公営墓地があったとしても買えないというのは、なんとも悲しい。

なんとか突破口はないものだろうか。

公営墓地の使用条件を決めているのは、各自治体の墓地条例や施行細則だ。これを読んでみると、

「墓地を使用できる者は、○○市に住所（または本籍）を有する者とする」

といった文言がどの自治体の条例にも書かれている。

隙のない一文だ。

しかし、この条文には、

「ただし、特に市長が認めたときは、その限りでない」

というただし書きが続く。だいたいどの自治体の条例も同じ構成だ。ひょっとすると、このただし書きは、自治体外在住者がお墓をつくるための突破口になるのではないか。要は、自治体外在住者であっても、市長にお墓づくりを特別に認めてもらえば良いのだ。

そこで、様々な自治体に、どうすれば自治体外在住者でもお墓をつくることができるのかを問い合わせてみた。

「多分、自治体への思い入れを適当に語り、所定の申請用紙でも提出すれば市長も認めてくれるだろう」と高を括っていたのだが、いざやってみるとこれが容易ではなかった。

多くの自治体が、「いいえ、お墓を利用できるのは市民だけです」、「私の知る限り、そのただし書きが適用された例はありません」とにべもない返答……。まさに典型的なお役所対応で腹が立った。

たが、こちらもそう簡単にあきらめるわけにはいかない。食い下がって尋ねると、ある自治体からはこのような回答があった。

「『特に市長が認める場合』というのは、事故などによる行方不明者など、住所が分からず、引き取り手もいない遺体を無縁仏として市が埋葬するような事例を想定しています」

うーむ。いくら安いお墓を手に入れるためとはいえ、行き倒れるわけにはいかない。

また、別の自治体からはこのような回答が。

「大規模な災害が起こって、当市外の自治体の墓地が甚大な被害を受けてしまい、そのために当市に埋葬の要請が寄せられた場合には、市長は特例を認めることを検討しなければならないと思います」

ええ〜っ。そんなに大それた事態を想定した条文だったの？

本当かよ……と思ってしまう。いずれにせよ、自ら希望して他の自治体の公営墓地にお墓を建てるのは難しいということか。だが、ここはもうひと踏ん張りすべきだろう。

「なんとか方法はないでしょうか？　貴市に思い入れがあり、ぜひ、この地にお墓をつくりたいと思っているんです」

と粘ったところ、ある自治体から以下のようなアドバイスを引き出すことができた。

「当市の条例では、『故人の三親等以内の親族』であれば申し込みをすることができます。よって、故人の三親等以内の誰かが当市の住民であって、その方が申込人となれば、申請は通過すると思います」

つまり、例えば自治体外在住者の息子が親のお墓を申し込もうとしても条件を満たさないが、伯父や姪がその自治体に住んでいれば、その人を申込人とすることで条件を満たすというわけだ。

「ただし、申込人の方が主体的にお墓を管理していただくことが必要です」

と釘を刺されてしまったが、検討価値はあるだろう。

さらに別の自治体はこのような裏ワザを教えてくれた。

「申し込みの時点で当市の住民であれば申請は通りますから、変な話、そのあとで引っ越していても構いません」

形式上、規定に沿ってさえいればよい……という、これもまた、形式至上主義のお役所らしい発想ではある。

そうすると、極端な話、どうしてもその自治体にお墓をつくりたければ、一時的に安アパートを借りるなどしてその自治体に住民票を移して、申請後にまたもとの家に戻るという手段も考えられる。「それでも大丈夫ですか？」と聞いてみたところ、慌てて「申し込み後に引っ越される場合は、当市にお墓を管理することのできる身内の方がおられることが望ましいです」と付け足されてしまった。

もっとも、仮住まいをつくってまでして、居住外の自治体の公営墓地に申し込むのはさすがに手間がかかり過ぎる。そこまでやるのもなぁ……と思ったが、しかし実際にこういう手段に頼る人もいるためか、自治体の中には「〇年以上継続して当自治体に住所を有すること」を使用条件として定めているところも見受けられる。このような条件のもとだと、そうした裏ワザも使えない。

ただ、以上のような奇策を講じなくとも、非居住者にも公営墓地利用の門戸を開いている自治体も、数は少ないが存在する。そのひとつが北海道の旭川市だ。ここは、公営墓地の使用条件に、居住地制限を設けていない。さすが広大な土地を有する北海道。懐が深い。

個人的にも旭川市は思い入れのある土地だ。旭川市といえば、日本全国にその名をとどろかす人気スポット、旭山動物園がある自治体。動物好きとしては外せない。調べてみると、旭山動物園から車で5分ほどの距離に旭山共同墓地という公営墓地があるとのこと。動物たちのすぐ側で眠れる……これは、俄然入りたくなってきた。

市役所に問い合わせてみたところ、取材時点では旭山共同墓地に空き区画がなく、空きを待っている人が四名おられるとのこと。順番待ちをしなければならない状態ではあったが、市外在住者の申し込みは「まったく問題ない」とのことであった。

ただし、市外在住者の申し込み条件として、旭川市民の代理人(身内でなくとも構わない)を立てることと、永代使用料が市内在住者の5割増になることが課せられるという。

5割増しはちょっと厳しいなぁ……一瞬ひるむも、永代使用料の金額を聞いてひっくり返った。旭山共同墓地の最安区画は、なんと9450円だという(取材時)。5割増しでも1万4175円である。これで永代的にお墓を使用できるのなら、不満を抱きようがない。

こうした出会いもあるから、よその都道府県の公営墓地の検討も捨てたものではない。自分の思い入れのある自治体の公営墓地の申込条件をチェックしたり、役所に問い合わせたりする価値は十分にある。

【「永代使用料を安くする方法」まとめ】

小さくて、郊外の、公営墓地を選べば、永代使用料10万円台はもちろん、10万円以下、数万円にまで抑えることも可能である。利便性や墓地の利用条件等を確認しながら検討すべし。

第三章　墓石代を10万円台に抑える方法

200万円の石に心を奪われながら、安い石を探す

永代使用料を払って土地を手に入れても、上物である墓石を建てなければただの狭い更地だ。しかし、この墓石の代金がまた高いのである。墓石購入価格の平均値は、おおよそ90万円から160万円の範囲。繰り返しになるが、非常に高い。こんなに払うのならいっそ更地のままでもいいか……と思ってもおかしくないほどの値段だ。

これをなんとかして安く済ませたいのであれば、以下の二つの指標に注目してほしい。

墓石の値段を決定付ける基本的な要因、それは、

①石の量
②石の質

の二点だ。つまり、石の量と質を適切に調節することによって、墓石代を抑えることは可能なのである。

墓石の材料である石をたくさん使えば使うほど金額は高くなる——当たり前の話だが、意外と、広い墓地区画を購入してしまってからそのことに気づく人も少なくない。

特に地方の墓地は、３㎡、４㎡が普通ということもある。約２ｍ四方の区画だ。この広さに見合う墓石に使う石材は、どうしても大量にならざるを得ないが、永代使用権を買ってしまったらもう後には引けない。あれよあれよと石材店が寸法を測って大きな墓石を建ててしまう。

このくらいの広さになると、石塔のみでは格好がつきにくく、外柵と呼ばれる土台はほぼ必須。ちなみに、広い区画の多い墓地では、墓地全体の景観維持の観点から、外柵の設置が義務付けられているところも少なくない。

そして、外柵をつくるとなると、「墓参者のための階段や敷石も必要。香炉や物置台もないとおかしい」という事態にもなりがちだ。こうしてどんどん使う石の量が増えてしまうと、あっという間に１５０万円を超えてしまうことだろう。

もちろん、広い区画にこぢんまりとした墓石をつくることも、墓地の規約が許せば可能だ。しかし、それだったら最初から身の丈に合った面積の墓地を選ぶ方が得策といえる。前章で述べたように、狭い区画であれば永代使用料も安い。

その観点からすると、「芝生墓地」、「ガーデニング霊園」と呼ばれる洋風の霊園はおすすめだ。洋風の霊園では、墓石の形状も、「洋型」と呼ばれる背の低い横長のオルガン型や、プレート型のものが似合う。和型を望むか洋型を望むかは好みの問題もあるが、一般に洋型の方が使う石の量が少ないため、金額も安く済む。なお、洋風霊園では、開放的で見晴らしの良い景観を維持するために、外柵の設置が認められていないところが多い。この制約も、墓石代を安く抑えるにはむしろ好都合だ。

オルガン型

ストレート型

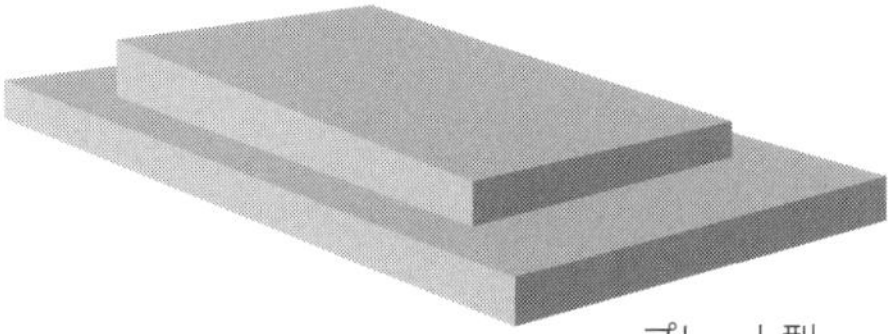

プレート型

洋型墓石の代表的な形状。使う石の量が少ないので、一般に同じ面積の墓地に和型墓石を建てるよりも安い。

石材の質も、お墓の値段を大きく左右する。墓石に使われる石材には多くの種類があり、産地や色味などに様々なバリエーションがある。石材店で石見本を見せてもらうと、あまりの多さにどれを選んで良いのか迷ってしまう。

ある石材店を訪れたときの話だ。カタログを見せてもらって、一瞬で目を奪われた石材があった。目の細かい上品な風格の石。指をさして「この石はキレイですねぇ」と営業マンに言ったところ、

「それは、庵治《あじ》石ですね。この石を使うなら、標準的な品質、サイズの墓石でも200万円以上になりますよ」

と、「どうせ買えないだろう」と見透かされたのか、牽制するような口調で釘を刺されてしまった。

庵治石とは、香川県高松市の庵治町で採石されている高級品で、その中でも等級の高い石を使った墓石には、1000万円以上するものもあるという。聞けば首相官邸の中庭にも使われているとか。庵治石をお墓に使った有名人を調べてみると、手塚治虫、髙橋是清元首相、サントリー経

営者の佐治家など、そうそうたるメンツが並ぶ。

10万円台ではせいぜい手のひらサイズのお地蔵さんくらいしか買えない……と思っていたら、本当に手のひらサイズのお地蔵さんを売っている仏具屋さんが庵治町にあった。主にインターネット通販で販売しているようだ。お地蔵さんの中は空洞になっており、少量だが粉骨した遺骨を納めることができる仕様になっている。

これは、なかなか良いのではないか!? お墓なんかつくらずに、遺骨の一部を小さくとも高級な庵治石のお地蔵さんで手元供養して、遺骨の残りは散骨にする、というのも一案だ。

散骨と手元供養については、後の章で詳述するとして、話をお墓に戻そう。1000万円もする高級な墓石は到底買えない。墓石代を抑えることを考えれば、きらびやかな高級墓石には目もくれず、迷わず「一番安い石をください!」と言いたいところだ。

しかし、人の心は不思議なもので、10個も20個も選択肢があると、その中で一番安い石というのは不安を覚えるものだ。

「安いに越したことはないが……、せめて下から二、三番目くらいのものにした方が無難ではなかろうか……」

という気持ちがどうしても湧いてきてしまう。

実際のところはどうなのか？　複数の石材店に尋ねたところ、見事に意見が分かれる事態となった。

都内のある石材店は、

「国産の庵治石や本小松石などは、小さな墓石であっても何百万円という値段になります。なんでこんなに高いかっていうと、希少性やブランド力によるものなんですね。では実際の耐久性や品質はどうかというと、正直に言って、一番安くてベーシックな御影《みかげ》石と変わりませんよ。人それぞれの好み、こだわりで選べば良いと思います」

と打ち明ける。

だとすれば、未だ、庵治石に惹かれる気持ちはくすぶるものの、安い石でも安心して購入することができる。

ところが、これに真っ向から対立する意見を持つ石材店も少なくない。

「一番安い石は、耐久性や吸水性がそれなりですから、外柵や敷石に使う方が多いですよ」

「耐久性が若干落ちるので、変色の可能性がありますよ」

と助言をしつつ、庵治石とまではいわないまでも、高めの他の石を一生懸命営業してくる石材店もあった。う〜ん、いったいどちらの声を信じれば良いのだろうか。

一番安い石をすすめない石材店にしても、必ずしも適当なことを言って高い石を買わせようとしているわけではない。一般に、墓石用の石材に求められる品質は、何をおいても耐久性だ。未来永劫、子子《しし》孫孫《そんそん》まで受け継いでいくという建前があるゆえ、雨風にさらされても長期間劣化せずに状態を保てることが墓石の価値だとされている。その意味で、石材店がより耐久性の高い石材をすすめるのは合理的なことだ。しかし……。

「当社が厳選した石でしたら、どれもすべて２００年はもちます」

ある大手石材店の担当者は胸を張ってこう言う。

２００年……。いくらなんでも、果たしてそんなに長持ちさせる必要があるだろうか。西暦2220年に自分のお墓がどうなっているか、あなた本当に気になりますか？　200年後にお墓が今の状態を保っていたとしても、六代、七代先の孫がそれをありがたがるだろうか。霊園の土地自体は今のままだろうか。お墓を巡る価値観や文化は今のままだろうか。

だいたい、自宅だって、何十年も住めばリフォームや建て替えを行い、それで子や孫に受け継いでいくものだ。それをお墓に限って最初に建てた状態から200年そのままで維持させねばならない理由はないと思うのだ。

多少劣化しながらも、せいぜい孫の代くらいまでそれなりの体裁を保っていればそれで良いのではないか。劣化が目に余るようになったら、そのときにリフォーム等を検討すればよい。

色味の好みさえ合えば、石材店のメニューの中で一番安い石で十分なのである。

一番安い石はどれだ？

では具体的に、安い石とはどんな石か。

この疑問を複数の石材店に投げかけると、どういうわけか回答にバラつきが出る。「ウチではAという石が安いです」、「A？ 今は仕入れ値が高くなっていますよ。Bが安いです」、「ウチはCが一番安く扱えますよ」

……混乱するばかりだ。

実は、石は石油や鉄同様、天然資源のひとつであり、採掘量や需給バランスが変動することで、その時々で値段が大きく変動するという特徴がある。また、仕入れルートや在庫の保有量が様々であることから、店によって価格も一定しない。海外産の石では、閉山や行政指導による生産停止もしばしばあり、価格が急騰することもある。

こうした事情を踏まえたうえで、執筆時現在における、一般的な石材店で取り扱いのあるお手頃価格の石は何かといえば、白系の石ならG6

23と呼ばれる石か、G614と呼ばれる石、グレー系ならG654あたりである。黒や青系統の色は、白系と比べると高く、安さにこだわるのであればあまり向いていない。

それにしても、墓石に使う石といえば、御影石とか真壁《まかべ》石とか、いかにも剛健な名前がついているような印象があるから、いきなりG○○○とコードネームのような名前を提示されると、それだけで若干気が削がれてしまう。実はこれらはすべて中国産の石で、産地の行政区分等に応じた記号で呼称されている。ちなみに、G6で始まるものはほとんど福建省で採れる石だ。

中国産というと品質を気にする方もいるかもしれない。しかし、先に述べたように、石は天然資源だ。中国で採掘された鉄や銅の品質を気にする人がいないように、石そのものの品質を、中国産であることを理由に気にする必要はない。

気にするとすれば、石の加工技術か。人件費の安さから、中国産の石は、中国で墓石に加工されたうえで日本に輸入されてくることが一般的だ。中国産の墓石が急増したのは90年代初頭からなのだが、初期の頃は、確かに粗悪な加工や、いい加減な検品、アフターケア対応の悪さなどのトラブルはあったようだ。

しかしながら、現在は加工技術の向上や、日本の仕入れ先の細かなチェックや指導もあり、日本加工品と中国加工品の区別はつかなくなったと言われるほど、品質は安定している。今や、日本産の石ですらも、一旦中国に運ばれ、そこで加工されたうえでまた日本に戻ってくることが多いくらいだ。この背景には、人件費抑制の目的や、日本国内の石材加工職人の減少があるが、それほどまでに中国の加工体制も安定しているということの証左でもある。

このように、今日の日本の墓石産業は中国に大きく依存している。そのため、中国国内の動向が、墓石価格を左右する状況にもなっており、できるだけ安価にお墓を買おうと思っている消費者にとっても気になるところではある。

近年の傾向としては、中国国内の人件費の高騰、粉塵舞う石材加工工場の労働環境に嫌気した働き手の減少、為替レートの変動、そして石資源の枯渇の懸念など、値上がり要因が目立つ。一方、日本の消費者が安価な墓石を求める傾向は続いており、石材店の利益を圧迫しているのが現状である。

これればかりは、われわれ消費者にはどうしようもないが、日本の墓石業者には、インドやベトナムといった周辺諸国への生産・加工拠点の移設等の企業努力、業界努力を期待したいところだ。

店によって石の値段が違い過ぎる!

それにしても、たくさんの石材店や霊園のチラシ等を見ていて気になるのは、店によって、同じ石の量、同じ石種でも墓石代にずいぶんとバラつきがあることだ。チラシ掲載の最低価格として、1㎡で「100万円から」と掲載しているお店もあれば、「30万円から」としているお店もあるのだ。これはいったいどういうことだろうか。

ひとつには地域差がありそうだ。東京都、神奈川県、埼玉県といった首都圏は他の地域と比べると墓石代が高い傾向にある。

しかし、なぜ首都圏だと墓石代が高いのだろう？　永代使用料が高いのは分かる。実質的には土地代なわけだから、立地や交通利便性の良し悪しが価格に反映されるのは理解できる話だ。

だが墓石代に立地は関係ないはずだ。こんなにもバラつきがあるのはおかしいのではないだろうか。この点につき、千葉県の田舎の方にある石材店に尋ねたところ、興味深い話を聞くことができた。

「お墓の値段は地域によって異なります。千葉で大体70万円から80万円くらいでつくれるお墓でも、東京だと200万円くらいとるでしょうね」

実に3倍近い価格差だ。隣接する都県間で、いくらなんでもムチャクチャではないか。「地域によってどうしてそんなに違うんですか？」と続けると、

「う～ん、東京は『高ければ良い』という考え方なんです。つまり『高いも

のが良いものだ』と。大体3倍から5倍くらい違いますね。東京というところは高くて当たり前なんです。安かったら、安かろう悪かろうということになっちゃうんでしょうね」

とのこと。

つまり、都市部の石材店が無理やり暴利をむさぼっているわけではなく、当地の需要者側のニーズを汲みつつ、価格が適正に形成されていき、その結果、地方と都市部にここまでの価格差が生じたという分析だ。

しかし、ここまでの極端な価格差を考えると、需要者側のニーズが先にあったというよりは、都市部の供給者が高額な永代使用料の一部を墓石代に転嫁させた結果、墓石代も地方に比べて高額化し、需要者はそれを受け入れざるを得なかったのではないかと思われる。年月を経て、そうした価格設定が一般化したことによって、需要者の一部に「安かろう悪かろう」の発想が生まれてしまったと考えることもできよう。

もっとも、地方の墓地であれば総じて価格が安いというわけでもない。

おおまかに言って都市部より地方の方が安い程度の話であって、それ以上に個々の店舗間の価格差が非常に大きいのである。同じ量の同じ石で比較しても、1・5倍から2倍くらいの価格差が生じることも決して珍しくない。

生鮮食品では、例えば「あの店ではピーマン一袋89円なのに、こっちの店では198円だった」ということがしばしばあるが、まさにその感覚である。ただお墓の場合は、その価格差が数十万円に広がるため、「さっきあっちのスーパーで買っておけばよかった！」程度の後悔では済まない。

店によってお墓の値段が違う理由は、実はピーマン同様だ。すなわち、仕入れルートや仕入れ元の在庫状況が大きな影響を与えているのだ。

一般的に、石が墓石となって墓地に建てられるまでの流れは、

①採石場で石を採掘し、
②加工場で墓石に加工し、
③石材店が墓地に施工する、

という三つのステップを経る。このうち、採掘と加工は中国で行われるこ

とが多いというのは前述した通りである。

しかし、実際の取引過程はこれほど単純ではない。一口に中国といってもとても広大だし、各地に点在する採石場によって採れる石の種類はまちまちだ。石種によっては、インドや北欧から輸入しなければならないものもある。埋蔵量の減少、閉山や新たな採石場の発掘もあるため、常に最新の動向に気を配らなければならない。個人商店の多い石材店が、こうした多岐にわたる仕入れルートにコネクションを持つのは極めて困難だ。

そこで活躍するのが石材商社や仲介業者だ。彼らの存在によって、石材店は、多種多様な石材を条件の良い仕入れ値で取り扱うことができるのである。一方で、中間業者が多ければ多いほど、中間マージンという形でコストが上乗せされ、それは販売価格に転嫁されることになる。

逆に言えば、生産の上流に位置する優良な業者から、自ら墓石を仕入れることのできる石材店は、墓石を安く販売することができる。農家から直接ピーマンを買えば安いのと同じことだ。

もっとも、中間業者が少なければ必ず安価に墓石を仕入れることができるかというと100%そうというわけではなく、例えば商社が一度に大量に石を購入することで、1基あたりの値段を安く提供できる場合もある。なかなか複雑な世界なのだ。

何にせよ、独自の優良な仕入れルートを持つ石材店を見つけることが肝要だ。例えば、「親戚や知人が中国で加工業者を営んでいて、特別に安く卸してくれる」というようなコネを持つ石材店だと心強い。

これが墓石を安く売ってくれる石材店を見つける方法

消費者が、優良な仕入れルートを持つ石材店を見つけることは難しいように思えるが、そうした石材店は、むしろ自身の「仕入れルート」をPRする傾向にあるため、安価な墓石価格を提示している石材店に問い合わせて、安さの理由を聞いてみるのが一番だ。後ろめたいコネでなければ、石材店の方から、いかに自社が優良なパイプを持っているかを揚々と語ってくれるはずだ。

では、「安価な墓石価格を提示している石材店」を探す方法はというと、これはちょっと手間をかける必要がある。墓石の広告は、よく新聞の折り込みやポスティングのチラシ、電車の車内広告で目にすることができるが、そうした広告媒体では、お宝墓石を見つけられることは稀だ。こうしたチラシの多くは民営霊園の広告であり、39ページで述べたような、霊園開発費用等の中間コストが上乗せされた価格設定になっているからだ。加えて、新聞等に広告を打つには広告宣伝費がかかり、その費用もまた、墓石価格に反映されているのだ。

従って、安価な墓石を探すには、投げ込まれてくる広告を待っていてはダメで、能動的に探さなければならないのである。

しかし、能動的にと言ったって、町の石材店を一軒一件歩き回るのはなかなかしんどい。10円安い牛乳を買い求めるためにあちこちのスーパーをハシゴするのも厭わないやりくり上手といえども、ただでさえ入りにくい雰囲気の石材店の門戸をあちこちくぐるのは億劫だろう。

そこで活用したいのがインターネットだ。自社でウェブサイトを開設している石材店の中には、広告宣伝費だけでなく、あらゆる間接費の削減に注力することでコストダウンを図っているところが少なくない。

マスメディアを使った広告を行わず、ウェブサイトで顧客へのPRを完結させることができれば、広告宣伝費はもちろん、大きな展示場も営業マンさえも不要だ。店舗を持たず、事務作業だけを行うマンションの一室を借りたり、自宅を事務所代わりにしたりしている石材店もある。

広告宣伝費、人件費、テナント代や家賃までかからないとなると、販売価格を相当抑えても利益を出すことができる。これに加えて独自の仕入れルートを持つ石材店であれば、10万円台から30万円以下でお墓をつくることも可能である。

ただ、気を付けなければならないのは、あまり誠実ではない業者や、悪質な業者の存在だ。インターネットで検索すると、「激安」などの惹句《じゃっく》で10万円台、20万円台の墓石を販売している業者も散見される。

思わずクリックはしてみるのだが、具体的な話を聞こうと問い合わせてみると、「別途工事費をいただきます」、「納骨棺は別料金です」などと言われてしまうことも珍しくない。よくそんなことが言えるな……と呆れてしまう。納骨棺のない(=遺骨を納めるスペースのない)石塔だけのお墓なんて、あったって仕方ない。車を買いに行ったら、「エンジンは別売りです!」と言われるようなものだ。ハッキリ言って、あまりいい気分はしない。

また、実績のない新興業者がインターネットを通じて安請け合いをしたはいいものの、仕入れルートはいい加減、施工技術は未熟で、粗悪な石を買わされたり、手抜き工事をされたりするケースもあるという。

こうしたトラブルを避けるためには、契約をインターネット上だけで済ませることはせず、必ず一度は顔を合わせ、信頼に足る業者かどうかを肌で感じることだ。そして、その際、なぜ相場よりも安く販売できるのかをきちんと説明してもらうことも肝心だ。

述べてきたように、墓石を安く販売するための工夫とは、優良かつ独自の仕入れルートの確保と、間接費の圧縮、ほとんどこの二点に集約される。悪質な業者は、そうではなく、原料費や加工費、施工費を圧縮しようとするのだ。つまり、普通は墓石にならない部分の石や等級の低い石材を使い、また粗悪な加工業者を使い、短期間でいい加減に施工をするのである。

きちんとした実績を持っている石材店であれば、「安さの理由」を誠実に説明してくれる。呼べば販売部長でも社長でも来てくれるはずだ。そこで納得できる説明が得られなければ、その業者は安いだけの「ハズレ」かもしれない。

【「墓石代を安くする方法」まとめ】

優良かつ独自の仕入れルートを持ち、間接費の圧縮に努める石材店を探すこと。そこで一番安い石質の小さな墓石を選ぼう。10万円台の墓石はきっと見つかる。

第四章

10万円台で探す新しいタイプのお墓

石じゃなくてもいいんじゃない？

前章までで述べてきた方法により、お墓づくりは、努力次第である程度は安くすることはできるものの、そのために色々と妥協や苦労をしなければならないことも多い。しかし、そんな思いをせず、それでいてできるだけ安く、満足のいくお墓づくりをしたいという声もあるだろう。

ならば、抜本的な発想の転換が必要だ。

問題は、どちらかと言えば土地よりも墓石なのだ。墓石をコストダウンするのがいかに大変か。様々な石材店への聞き取りや交渉を経て、もはや墓石こそが理想のお墓づくりを邪魔している元凶なのではないかという気がしてきた。やがて、

「墓穴の上に載せるものって、別に石じゃなくてもいいのではないか？」

という疑問に突き当たるまでに時間はかからなかった。

そうなのである。墓石の存在意義については、死者の封印、この世とあ

の世を分ける境界など、宗教的理屈はいくらでもつけられる。しかし現実的には、そこに故人が眠っているという目印（墓標）、お墓参りの際に手を合わせる対象、故人の象徴……といった程度の認識を持つ人が大半だろう。そうであれば、果たしてそれが絶対に石でなければならないということがあるだろうか。

そんな疑問を抱いたときに登場する選択肢が「樹木葬」である。

樹木葬とは、石ではなく、樹や花を墓標として用いる点に特徴がある。その重量ゆえに、加工するにも運搬するにも施工するにもどうしてもお金がかかる石と比べれば、いかにも安く済みそうではないか。

実際の値段や使用感はどうだろうか。日本の樹木葬は、1999年に岩手県のある寺院が始めたものと言われており、それほど長い歴史があるわけではない。また、一口に樹木葬といっても、その中身が微妙に異なる複数のバリエーションが並存している。どんなタイプの樹木葬が良いのか、実際に見に行って確認してみよう。

墓石葬と樹木葬のハイブリッド埋葬

最初に訪れたのは、郊外にある宗教法人が民営霊園として運営している樹木墓地。ここは通常の墓石による墓地の敷地と、樹木墓地の敷地が併設されている仕様になっている。

樹木墓地の敷地には、桜の木が植えられており、それらを囲むようにプレート状の石が50個ほど並ぶ。その周りには芝生が広がっている。春には、桜が綺麗な花を咲かせるそうだ。

そうか、この桜の木が「墓標」の役割を果たす樹木なのだろうか……と思って営業担当者に尋ねてみると、

「いえ、どちらかと言えばこちらのプレート状の石の方が墓標ですね」

とのこと。プレートは、約30cm四方の正方形をしている。

「こちらのプレートに、故人のお名前を彫刻するんです。その下は納骨棺になっており、そこに骨壺を納めていただいております」

え、それじゃあプレート型の墓石が並ぶ普通のガーデニング墓地と変わらないのでは……。あの桜の木には何の意味があるのだろうか……。

「ある意味ではそうかもしれませんね。ただ、通常の墓地との大きな違いは、ご遺骨が十三回忌で桜の木の根元にある合祀墓《ごうし》に移されるという点なんです」

合祀墓とは、合葬墓《がっそう》とも呼ばれ、不特定多数の遺骨をまとめてひとつの墓穴に埋葬するタイプのお墓のことだ。

つまり、最初の12年間は、小型のプレート墓石によるガーデニング墓地への納骨であり、桜や周りの草花は単に装飾の役割を果たすに過ぎないのだが、十三回忌をきっかけに、骨壺から出して布袋に包み、他の遺骨とともに桜の根元に合祀され、それ以降は桜が墓標の役割を引き継ぐという仕組みになっているのである。いわば墓石墓地と樹木墓地のハイブリッドだ。

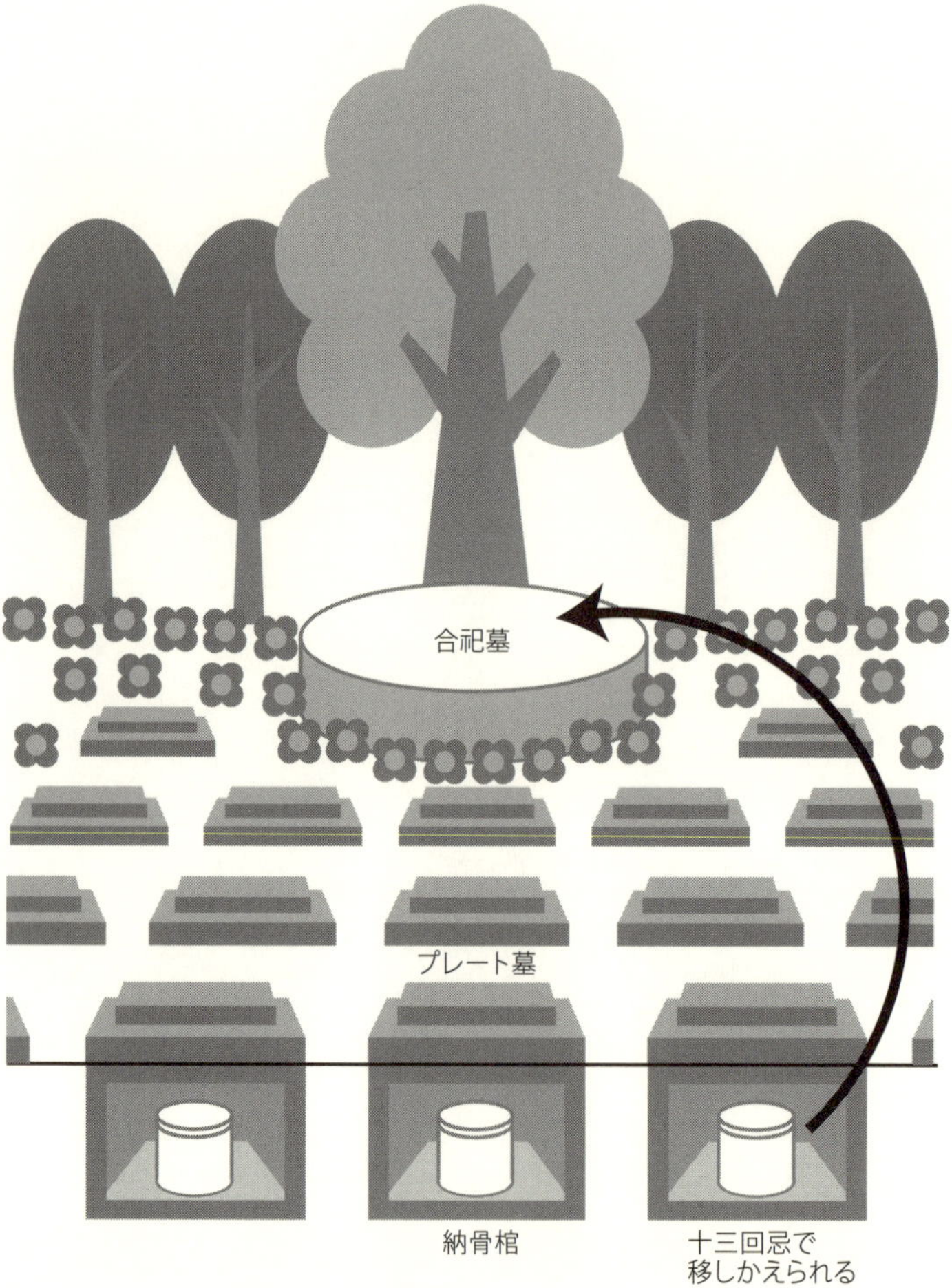

墓石葬と樹木葬のハイブリッド墓地。一定期間は納骨棺に遺骨が納められ、その後、樹木の下に合祀される。

気になるお値段は30万円。使用料、プレート代、合祀代すべてが含まれたトータルの値段だ。これに加えて、納骨されている12年間は年間数千円の管理費がかかるが、同じ立地で通常のお墓を立てる場合と比較すると相当安い。

なるほど……。これなら、墓石を用いた伝統的な墓地に馴染んでいるお客さんの抵抗感を和らげることができそうだし、それでいて、コストもだいぶ抑えることが可能だ。実際、伝統的な墓石墓地と併設して設置されていることも手伝い、普通のお墓を探していたお客さんが、こちらの樹木墓地にも興味を持ち、並行して検討をすることもあるという。

もっとも、十三回忌で合葬墓に移されてしまうことを考えると、次の世代にお墓を承継していきたいと考える人には向いていないだろう。だが、「子どもにお墓の管理のことで手間をかけさせたくない」、「承継者がいない」という現代的なニーズに合致していると、担当者は強調する。

個人的には、納骨期間が十三回忌までというのは、ちょっと短いのではないか……と思ってしまった。父親がここに入ったとして、十三回忌ではまだ自分もおそらく生きているだろう。いざ、12年後に合祀されるときが来ると、やはりちょっと寂しくなるのではないかなぁ……と思うのだ。

こうした感想を率直に伝えると、

「お考えはごもっともなことと思います。私どもとしては、ご遺骨が合葬墓に移されたあとは、桜の木にお手を合わせていただくことで、末永く供養して差し上げられる環境を整えております」

とのことだった。確かに、樹木葬の本来の意義、つまり樹木を墓標や祭祀の象徴として捉えるということを思い出せば、この説明は理に適っている。しかし、「やっぱり墓石に手を合わせたい」という感情と折り合いをつけるための適切な期間としては、意見の分かれるところかもしれない。

ちなみに、似たようなプランを用意している複数の樹木葬業者に聞いたところ、納骨期間のオプションとして、十三回忌、30年、50年、最長で150年というメニューを設定している業者もあった。150年ともなれば、まぁ実質的には永代管理と同義と見なして良いだろう(150年という年月をきちんとカウントできるのか、という疑問はある)。ただし、値段は納骨期間が長くなるほど高くなる。いつまで墓石の下に納まっていたいか(納めておきたいか)は人それぞれ。多様な選択肢があるのはありがたい。

石の下と木の下、どっちが快適？

一方、最初から墓石は一切使わないで、樹木葬という名に恥じず、「純粋に樹木を墓標にする」というプランを展開している墓地もある。墓石を使わない分、立地や区画面積等の他の条件が同じであれば、当然、費用はこちらの方が安い。

早速足を運んでみたところ、先ほどのハイブリッド墓地と同じように、墓地の中央に桜の木が鎮座しており、その周辺にはやはり一応プレート状の石が50ほど集合している。ただし、先ほどの墓地との違いは、プレート石は墓石ではなく、あくまでどこに誰が眠っているかを示す「表札」の役割を果たすのみだという。文字通りプレートでしかなく、墓石ではないため、その下に納骨棺はない。

納骨棺がないということはつまり、墓穴を掘って遺骨を直に埋めるということだ。布袋に入れたり、地中で分解されるタイプの骨壺に入れたりすることは許容されるが、いずれにせよ、遺骨は土に還ることを前提に埋葬される。

こうした埋葬形態だと、一旦遺骨を埋めたら二度と取り出すことはできない。例えば、引っ越しに伴い遺骨も別のお墓に移すという「改葬」ができなくなることを考えると困る人もいるかもしれない。また、心情的には「お墓の下には、今もあの人が眠っている」という実感も湧きにくくなる可能性もあるのではないか。何せ、物理的に土に分解されてしまうからだ。この点を営業担当者に尋ねてみると、

「改葬ができないという点は、普通のお墓との大きな違いのひとつですので、事前にご説明してご納得のうえでお買い求めいただいております」

とのこと。一方、後者については、

「そういったご懸念を示される方はあまりいないですね。むしろ、『墓石の下にいつまでも閉じ込められるのはイヤだ』という思いから、土に還れる樹木葬を選択される方が多いように思います」

という答えが返ってきた。

墓石の下に閉じ込められる……。言われてみれば、そういう感じ方も理解できるかもしれない。自分が骨となり、真っ暗で湿気の多い納骨棺に納められる様子を具体的に思い浮かべてみると、確かにイヤかもなぁ……。さらにその上には滅多に開くことのない重石が載せられていると思うと、なんだか圧迫感すら覚えてきた。その状態が永遠に続くのである。うわー。ならば、いっそ土に還り、樹木や芝生といった新たな命の一部になるというイメージの樹木葬の方が前向きな気持ちになれる、かもしれない。まぁ、どちらにせよ埋められることには変わりはありませんが……。

お値段は20万円。埋葬してしまえば後に掘り出すことはできないので、十三回忌や納骨後30年間といった時限管理はなく、ずっとその地に眠り続けることになる。

トータル10万円以下の樹木葬

さらにこちらの墓地では、その半額の10万円プランも用意されていた。このプランでは、桜の木が祭祀の対象となる点は同じだが、個々の故人用のプレート石も区画もない。最初から、木の根元にあるひとつの墓穴に、たくさんの遺骨と共に合祀されるのだ。シンプルに土に還り、故人の墓標は残らない。象徴としての桜の木が屹立《きつりつ》しているのみである。

いわゆる合祀墓の一形態で、こうなるとお墓としての風情は感じにくい。実際、単にリーズナブルな価格を重視する方からの人気が高いそうである。

まぁ、「生きた証が……」、「魂の浄化が……」、「成仏が……」といった綺麗事よりも合理性を重視するのであれば、これはこれで「あり」なのかもしれない。また、家族に対し「俺は墓なんていらねぇから、俺が死んだらそのへんに撒いといてくれ！」と言い放つお父さんはしばしばいるが、そんな無責任な物言いをするくらいだったら、「10万円であそこの墓地の桜の木の下に埋めてくれ」と伝えておく方が、よっぽど周囲の気持ちも穏やかだろう。

見てきたように、一口に「樹木葬」といっても様々なバリエーションがある。合祀形式でも樹のそばの墓碑に俗名を彫ってくれるというサービスが追加されていたり、樹の種類も桜だけでなく、ツツジや紅葉、ハナミズキなど多彩である。故人別の区画を購入するタイプの樹木墓地では、自分の区画内であれば、好きな草花を植えることを認めているプランもある。

なお、樹木葬は、民営霊園の一形態として運営されていることが多いが、東京都の小平霊園や、神奈川県横浜市のメモリアルグリーンなど、公営墓地にも樹木葬を主催しているところもある。公営墓地の樹木葬は、民営霊園のそれと比べても安い。小平霊園は、粉骨された遺骨を持参することが条件にはなるが、合祀形式の樹木葬の値段は、なんとわずか4万3000円。東京都内でこの安さ。目を見張るものがある。

様々な樹木葬を見学しているうちに、墓石の下の納骨棺に眠ることが唯一のお墓の在り方だと思い込んでしまうのはもったいないな、と実感することができた。なるべく安価で満足度の高い終の住処を探そうとするのであれば、中国産の石の下で眠るか、それともインド産の石の下にするかで悩むよりも、いっそのこときれいさっぱり土に還り、青々とした草や木に生まれ変わる方が良いのではないか……。そんな思いを抱くことも自然な感情といえるだろう。

江戸時代の国文学者、本居宣長も、山桜の木の下で、芝に囲まれながら永久の眠りにつくことにこだわっていた。典型的な樹木葬でこそなかったが、遺言書によって、自身の墓石の周辺環境について指示を残していたのである。

評論家、小林秀雄の『本居宣長』には、その遺言の内容がつぶさに紹介されているが、それによれば、墓石は芝を張った塚の上に建て、時々見回って塚に崩れが見られた場合には直すこと、さらに、お墓の傍らには吟味して選んだ立派な花をつける山桜を植え、後々枯れるようなことがあれば植え替えることなど、それはそれは事細かな要望が書き連ねられていたそうだ。

植え替えの心配までしていたくらいだから、いかに本居が綺麗な山桜の下で眠ることにこだわっていたか想像がつく。もっとも、後年の小林秀雄の講演によれば、本居のお墓は、今や遺言にはなかった石碑や石垣で覆われ、肝心の山桜は、枯れた後に植え替えられたものの、ずいぶん格が下がってしまったようだ。ある意味、石偏重のお墓文化が、本来本居が望んでいたお墓の在り方を歪めてしまったともいえるだろう。

いつ見たって同じ佇まいの石よりも、季節に応じて表情を変え、春には美しく咲き誇り、はかなく散っていく……それを毎年繰り返す山桜を墓標にする方が、やっぱり風情を感じると思うのだが、いかがだろうか。

【「樹木葬のお値段」まとめ】

5万円以下から30万円程度まで、様々なプランがある。埋葬したら二度と掘り出せないことが多いが、普通のお墓とのハイブリッドのようなプランもある。

法の規制外にある「散骨」は自由競争で安く済む!

遺骨を土に直接埋める樹木葬が現実的な選択肢になるのであれば、粉骨した遺骨を海や山へと撒くことで自然へ還っていく「散骨」も検討の余地がある。

散骨は、有名人が希望、実施することが多いイメージが強い。

彼らは、映画や音楽作品などの形で、生きた証をこの世に存分に残しているることから、「今さら立派なお墓を建てて自分の存在を後世に残す必要などない。最期くらいは、人知れず自然に溶け込んでいきたい」と考える方が多いのかもしれない。一例をあげると、石原裕次郎（湘南沖）、勝新太郎（ハワイ沖）、沢村貞子（相模湾）、ＸＪＡＰＡＮのｈｉｄｅ（ロサンゼルス湾）、ザ・ドリフターズの荒井注（オーストラリア・ケアンズ沖）、ザ・ビートルズのジョージ・ハリスン（ガンジス川）、ロビン・ウィリアムズ（ロサンゼルス湾）、デヴィッド・ボウイ（バリ島）など、散骨による葬送を選択した有名人は国内外を問わず数多い。

樹木葬と散骨の違いは、どちらも「自然に還る」というコンセプトであることからして、あまり違いはないように思われがちだが、実は大きな違いがある。

それは、遺骨の葬られる場所が、樹木葬は「墓地」、散骨の多くは「墓地以外」である、ということだ。実は、この差こそが埋葬にかかる金額に大きな差をもたらすのである。

お墓づくりを安価に済ませたいと思ったとき、誰しも必ず一度は頭をよぎるのは、「自分の家の庭に埋葬できないか」ということだ。もしそれが実現できれば、墓地に永代使用料を支払う必要はないし、墓地区画面積や周囲の景観に合わせた墓石をつくる必要もない。庭石に故人の名前を彫って置いておくか、盛り土をして木の板を立てておくだけでも構わないのだ。また、自分が埋葬されることを考えると、慣れ親しんだ我が家の庭、家族のそばで永久の眠りにつけるというのは魅力的かつ合理的な選択のように思える。

ところが、これには法律上の障壁が立ちはだかる。墓地や埋葬の在り方を規定した「墓地、埋葬等に関する法律（通称、墓埋《ぼまい》法）」という法律があり、同法は、「都道府県知事の許可を得た墓地以外の場所には、埋葬又は焼骨の埋蔵をしてはいけない」と規定しているのだ。

なぜ、このような不自由な法律があるのだろうか？　この日本に埋葬の自由はないのか？

などと、思わず文句を述べたくもなるが、しかしよくよく考えてみれば、いくら自分の土地とはいえ、長い年月の間には引っ越したり、他人に売ったり、道路になったりということはあり得る。新たに土地を利用する人の立場になれば、他人の遺骨が埋まっているというのは抵抗感を覚えるだろう。遺族としても、引っ越しの時に掘り出して持って行くというわけにもいかず、かえって辛い思いをすることになるかもしれない。その他、近隣住民の感情といった公共の福祉、公衆衛生への配慮も考えると、やはりこうした規定は必要と考えるしかないだろう。

しかし、その反面、墓埋法の規制があるせいで、日本の墓地経営は、認可要件を満たす特定の業者による独占事業となり、そのため市場における競争原理が働きにくく、価格が高止まりになっているという側面は否定できない。そのせいで、われわれ一般消費者がお墓に対し高額の費用を支払わなければならない憂き目に合っているのだ。

墓石を使わない樹木葬が、通常の墓石墓地と比較すれば安く利用できるのは前項で述べた通りだが、それでも数十万円という価格設定となっているのは、墓埋法の参入障壁に守られていることが一因だ。樹木葬は、認可を受けた墓地の中に植樹をし、その周辺に遺骨を埋めるものであり、明確に墓埋法の枠組みの中で運営されているのだ。

これに対して、散骨の多くは、自治体の認可を受けた墓地で行われているわけではない。基本的には、任意の海や山や野原で行われている。なぜそれが許されているかというと、「散骨」は、墓埋法が定義する「埋葬又は焼骨の埋蔵」には当てはまらないと解釈されているからなのである。

最初に述べたように、散骨とは、粉骨した遺骨を「撒く」ことで故人を供養する行為。撒いているだけで埋めてはおらず、墓埋法の規制対象である「埋葬、埋蔵」のいずれにもあたらない、という一休さんのとんちのような理屈が成り立つのだ。

しかし、このとんちは行政も追認するところだ。1998年に厚生省(当時)が主催した「これからの墓地等の在り方を考える懇談会」では、「墓埋法は、本来、伝統的な葬法である埋葬・火葬の取締法規であり、葬法の在り方自体を直接的に規制するものではない」、「散骨は、墓埋法の立法当時、社会的事実がなかったためにあえて規定しなかったものと考えられる」と、散骨が墓埋法の範疇外であるとの見解が示されている。また、東京都福祉保健局のウェブサイトにも

「いわゆる『散骨』について、国は『墓地、埋葬等に関する法律においてこれを禁止する規定はない…(後略)』との見解を示しています」

(※ 東京都福祉保健局 http://www.fukushihoken.metro.tokyo.jp/kankyo/eisei/bochitou/ryuujikou.html)

との一文が掲載されている。

ついでに言えば、刑法の死体遺棄罪への該当が懸念された時代も80年代あたりまではあったようだが、1991年に、法務省が「葬送のための祭祀で節度をもって行われる限りは、問題ない」との見解を明らかにしたことで、現在ではこうした懸念も払拭されている。つまり、散骨に対する行政のスタンスは、「公衆衛生上の問題を生じたり、社会通念上国民

の宗教的感情を損なうような形で行われるのでなければ、現行法上特に規制の対象にする必要がない」（前述の懇談会より）というものなのである。

ただし、自治体の中には、少数ではあるが条例によって散骨を禁じているところもある。この点は注意が必要だ。

北海道長沼町、埼玉県秩父市は、個人を含め自治体内での散骨を禁止としている。しかし、個人レベルでの散骨まで禁じている自治体はこのくらいで、その他の自治体では、散骨業者による「散骨場」の設営を巡って周辺住民とトラブルとなったことが契機となって条例が制定されたという経緯もあり、せいぜい「事業としての散骨」を許認可制としたり、散骨場の建設に一定の制限を課す内容のものが大半だ。長野県諏訪市、静岡県御殿場市、静岡県熱海市などがこうした条例を制定しているが、個人として散骨を行うことを禁止する内容ではない。

個人がつつましく散骨を行うのと、事業として特定の場所で恒常的に散骨が行われるのとでは、周辺住民の受け止め方や問題の大きさも異なるということだろう。また、ほとんど山や森などの陸地における散骨が問題視されており、海洋散骨が俎上《そじょう》に載ることは稀である（熱海市は、条例ではなく「ガイドライン」という形で、海洋散骨業者にも配慮を要請している）ことも付け加えておく。人の住む陸地と、住まない海とでは、許容性に差が出てくるのは致し方ないことだろう。

このように、散骨の実施に慎重な対応をとる自治体もいくらかあるが、実は歴史を振り返ってみると、古代、中世の昔から、日本人には散骨を望む心が宿っていたことがうかがえる。

平安時代、皇族は御陵に代表される立派なお墓をつくることが一般的だったが、そんな中にあって、794年に都を平安京に移した桓武《かんむ》天皇の子、淳和《じゅんな》天皇は、建墓を拒否し散骨を選んだ天皇として知られている。

淳和天皇の遺言には、「質素な葬式を徹底し、倹約せよ。墓は不要。骨は砕いて粉とし、山中に散らせ」とあり、これは歴史書『続日本後紀』に記録されている。まるで、現代の「俺が死んでも墓なんかいらん。散骨してくれ」と言うお父さんそっくりだ。人間味を感じずにはいられない。

天皇のこの遺言に周囲の家臣が困惑したであろうことは想像に難くないが、結果的には滞りなく実行され、淳和天皇の遺骨は、現在の京都市西京区にある小塩《おしお》山で散骨されたという。その後、幕末になってはじめて小塩山に淳和天皇陵がつくられ、現在は宮内庁の管理下にある。また、淳和天皇の皇后である正子内親王、兄の嵯峨天皇も、「散骨」という表現こそ使わなかったものの、薄葬《はくそう》を望んだと伝えられている。

喪服はＮＧ⁉　散骨時のルールとマナー

いかがだろうか。「多くの有名人がやっている」、「実施に際し許認可が不要なため、建墓に比べると格段に安価」、「一部自治体を除き、法的懸念も払拭されている」、「長い歴史があり、天皇すら散骨されている」となれば、もはや散骨を検討しない理由はない。

とはいえ、いざ「散骨は自由」と言われても、かえって何をどうすれば良いのか分からず途方に暮れてしまう。果たして、火葬場から引き取ってきた遺骨を、近所の空き地や河川に放り込んで良いものだろうか。

……良いわけがない。第一、そんな遺骨の処理の仕方は、弔いとは言えない。単なる「廃棄」だ。散骨にも、それなりのルールや配慮はあって然るべきだ。

先に挙げた法務省の見解、「葬送のための祭祀で節度をもって行われる限りは、問題はない」をよりどころに、90年代以降、散骨等の自然葬を推進する市民団体や散骨業者らが、各々自主的に「節度」の在り方を考え、社会に散骨の文化が受け入れられるよう、ガイドラインをつくり上げてきた。未だ統一的なルールが確立しているとは言えないが、各社、各団体のガイドラインを参照すると、少なくとも以下のルールないしマナーは守らなければならないことが分かる。

①遺骨とは分からない程度に粉骨すること

粉骨は、一般になじみのある行為とはいえず、それなりに高いハードルがある。しかし、粉骨をせずに散骨すれば、撒いた人骨が衆目に触れることになる。海岸に人骨のようなものが流れ着いたらどうだろう。見つけた人はとても心穏やかではいられないし、どうかすると事件性を疑われる可能性もある。

②海水浴場や漁場の周辺、貯水池などの生活関連圏には散骨しない

たとえ人骨の形はしていなくとも、これら施設の所有者、利用者、周囲の生活者の感情を考慮することは大事なマナーだ。

③粉骨された遺骨以外のものを一緒に撒きたい場合は、公衆衛生や環境に配慮する

お墓には、時計やアクセサリーなどの副葬品を入れることがあるし、まんじゅうや缶ビールなどのお供えものはつきものだが、散骨でこれをやってはいけない。はたから見ればただの投棄物だ。ただし、土に還る花びら程度のものは許容範囲だろう。

④弔いの気持ちを持ち、葬送として行う

精神的なものだが、最も大事なことだ。「安く済むから」が散骨選択の出発点にあると、ともすればこうした気持ちが霞む瞬間があるかもしれない。しかし、これがなければ適法性の枠組みからも外れかねないし、周囲の理解も得られない。

興味深いのは、「散骨時に喪服を着ない」というルールを制定している業者が多く見受けられたことだ。これは、「散骨は葬送のための祭祀として行う」という原則と矛盾するようにも思える。

しかし、誰かが喪服姿で橋の欄干にもたれて何かの粉を撒いている様子は、はたから見ればちょっと異様に映ることもある。こうした事情を考慮して、平服参加を「節度」としているのだろう。散骨理解の限界を見

るようでもあるが、今後、さらに散骨が一般化していけば、こうしたルールは変わっていくかもしれない。

以上、散骨を取り巻く現状について述べてきたが、どうだろう。自分で散骨を行うイメージが湧いてきただろうか。かくいう私は、最初の「①遺骨とは分からない程度に粉骨すること」という条件でくじけそうだ。「遺骨とは分からない程度に粉骨すること」と言われても、果たしてどうやってやったら良いものか。具体的には、概ね1mmから3mm程度の粉末にすることが望ましいといわれているのだが。どうもやり方の見当もつかない。

祖父やいとこの葬儀の骨上げの様子を思い出してみると、火葬場から出てきた焼骨は、確かに崩れやすそうな状態になっている箇所もあったと思う。ただ、大腿骨などしっかりとした形が残っているものも多く、そう簡単に粉末状にはできないだろう。

ただ、まったく無理かというと、例えばハンマーなどを使えばできなくはない……いやいや、たとえ技術的には可能だとしても、家族の遺骨をハンマーで叩き壊すなど、私にはとても耐えられない。

自分の手で遺骨を粉にするという行為に愛情や意義を感じる人もいるかもしれないが、少数派ではないだろうか。粉骨作業だけはご免こうむりたいものだ。

調べてみると、幸い、粉骨を代行してくれる業者は結構いるようだ。骨壺ごと遺骨を預けると、数日で粉骨にして返してくれるというサービスである。現実的にはこうしたサービスを利用するケースが多いだろう。

なお、業者に遺骨を預けるに際して、クロネコヤマトや佐川急便など、主要な宅配業者は遺骨の運送を引き受けてくれない。宅配業者の約款を読むと、「引き受けできない貨物」の中に、「火薬」や「銃砲刀剣類」と並んで、「遺体・遺骨」としっかり明記されている。これまでなんとなく目を通していたときには「それはそうだろうな」と思っていたが、改めて考えると、危険物でも違法物でもない遺骨がなぜダメなのか、とちょっと納得がいかない。しかし、日本郵便の「ゆうパック」は対応してくれるとのこと。

一番カタそうな半官組織が、意外と一番柔軟である。

さて、実際の遺骨を粉骨する際、どのような作業工程を経るのだろうか。複数の粉骨業者に尋ねてみたところ、業者によって差はあるが、概ね、

①棺桶の部品等の不純物の除去
②専用の機械・器具による粉骨
③手作業による細粉骨

という工程によって行われるという。

「ハンマーで叩き割ったりはしないんですね?」と尋ねると、苦笑しながら「いかに愛情をもって作業できるかがこの仕事の基本です。すり鉢、乳鉢のような専用の器具を使い、手作業で丁寧に行います。もしくは、完全に機械によって行うかのどちらかでしょうね。いずれにせよ、手荒な作業はご法度です」とのことで、これは一安心。

ちなみに、ハンマーのような器具で叩き割ると、相当粉末が飛び散ることから、そもそもかなり効率が悪いだろうということだった。ううむ。

確かに。飛び散った遺骨は、まさか掃除機で吸い取るわけにもいかないし、畳の目に入ったりしたらなんとも具合が悪い。安易に自分でやろうとしないで、やはり専門業者に頼んだ方がよさそうだ。

なお、粉骨の委託費用は、作業内容や骨の量にもよるが、全身分でも概ね1万円から、高くても5万円以内の範囲だ。

この値段であれば、私としては、粉骨は専門業者にお願いしたい。自分でやらずに済んで、ほっとしている。

自分で撒けば、散骨はタダ!

粉骨さえ完了すれば、あとは散骨するだけだ。散骨を請け負ってくれる業者はたくさんあり、それについては後述するが、まずは自分で散骨をする方法を紹介しよう。

なんといっても、自分で散骨をすれば費用はタダなのだ。前述の「節度」に留意しつつ、検討してみよう。

懸案事項は、遺骨の量と、散骨の場所だ。

粉骨された遺骨は、焼骨と比べて体積は3分の1から5分の1にまで減るという。大きな骨壺はもはや不要。小さめのクッキー缶に納まるくらいだ。

問題は重量である。

物質の形は変わっても重量は変化しない、という中学理科の原則「質量保存の法則」の通り、粉にしようが液体にしようが、遺骨の重さは元と変わらない。

成人男性の遺骨の重量は約2kg程度といわれる。この量の粉末を撒くことを考えると、確かに環境や周辺住民への配慮は必要不可欠だなと実感が湧く。たとえ撒くのが小麦粉だったとしても、2kgともなれば周囲の目が気になるところだ。ましてそれが人の骨だとしたらなおさら。

故人の思い出の土地に赴いて、おもむろに2kgの粉骨を「どさっ!」といった感じで撒けるかどうか……。

あるいは、ある日突然知らない人が訪ねてきて、桐箱片手に「お宅の隣の空き地に亡き妻の粉骨を撒きたいんです……2kgほど」と声をかけられたとき、快く「どうぞどうぞ」と言いながら手を合わせられるだろうか……。

自信がないかもしれない。

海に出て、海水浴場や漁業地から離れた沖にまで行けば問題ないのだろうが、自家用クルーザーでも持っていない限りは現実的ではない。かといって、船旅ついでに遊覧船の甲板から撒くとなると、量を考えればやはり他の乗客の感情を考慮する必要がある。

実際に2kgの小麦粉を甲板から撒き散らす様を想像してみれば分かるが、海風に煽られて大量の粉末が自分や周りのお客さんにブワッと降りかかってくる可能性は相当高い。目も当てられない光景だ。しかもそれが骨だと分かった日には……。やはり、自分で散骨するのは無謀なのだろうか。

そこでおすすめしたいのが、一度に撒いてしまうのではなく、小分けにして少しずつ時間をかけて散骨していくという方法だ。単純な発想だが、これなら、自分の負担も、周りの抵抗感もだいぶ低減される。

小分け散骨の良いところは、周囲や環境に配慮しつつ、ごく少量をつつましく撒くのであれば、必ずしも律儀に土地の管理者やご近所に断らずとも、節度を守った散骨の範囲と言い得る点だ。ひとつまみの粉をそっと風に舞わす程度であれば、何を撒いているかはもちろん、何かを撒いていることすら分からないだろう。

こうした行為が、土地管理者らに何らかの経済的な損害を及ぼさないのはもちろんのこと、生活・宗教感情や環境を害するとも考えにくい。実害という点では、熱いタバコの灰やシャボン玉の方が大きいだろう。宗教学者の山折哲雄は、これを「ひと握り散骨」と称し、その周知に努めている。曰く「外部の人の手をわずらわせず、家族の手で…(中略)…好きだった場所とか、かつて暮らした街とか、旅をした土地とか、想い出深い先々を訪ね歩きながら、人に迷惑をかけることのないような場所にそっとひと握りだけ撒いてくる」（山折哲雄・著『「始末」ということ』２０１１年）というスタイル。

もちろん、自身もこうした形で散骨してほしいと家族に話しているということだ。また、作家の桐島洋子も、元夫の美術鑑定家・勝見洋一の生前の希望により、氏の遺骨を引き取り、世界各地で小分け散骨を実践しているそうである。

死してもなお、愛した家族とともに色々な地方を旅しているようで、なかなかロマンチックな供養方法だと思う。

二日酔いで散骨クルージングに出かけてみた

しかしながら、小分け散骨の場合、どうしても散骨の主体が個人になってしまうというデメリットがある。

「他に頼れる身内のいない亡き夫のために妻が一人で散骨をしたい」とい

うようなシチュエーションには向いているのだが、家族、親戚一同がぞろぞろと集まって、みんなで揃ってあちこちを巡って少しずつ散骨をするというのはいかにも怪しいし、ちょっと現実的ではない。

ならば、家族、親戚一人一人に小分けした粉骨を配布し、「あとはご自由に」とやる手もあるかもしれないが、「『ご自由に』……って、そんなものもらっても困る」という声が挙がるのは想像に難くない。

ある程度の人数が集まっての儀式張った葬送を望むのであれば、やはり散骨業者の手を借りることを検討すべきだろう。

先に述べたように、事業として散骨を営む場合、条例や周辺住民への配慮がより強く求められるという事情から、陸地での散骨サービスは少なく、散骨業者の大半が海洋散骨を扱っている。

海洋散骨事業の大半は、業者が手配ないし運航するクルーザーに乗って、所定の散骨地点まで航行し、散骨をして岸に戻ってくるという流れによって営まれている。価格は、プランによって概ね5万円から30万円程度の範囲だ。

一組の遺族らが一艇に乗船する貸し切りプランでは、20万円から30万円程度。

何組かの遺族らが一艇に相乗りして、複数組で散骨を行う合同乗船プランは10万円から15万円程度。

遺族らは立ち会わず、業者に遺骨を預けて散骨してもらう委託プランは5万円から7万円程度、といった具合である。

最後の委託プランに関しては、5万円程度という価格は、普通のお墓はもちろん、樹木葬等に比べても相当破格だが、完全に人任せにするくらいなら遺族代表が自分で小分け散骨を行えばタダだし、その方がよっぽど弔いになるのではないかと思う。もっとも、故人が海洋散骨を望んだものの、体調や居住地域の問題で遺族の乗船が難しいような場合は検討に値する。

さて、海洋散骨サービスの利用感を探るためには、やはり実際に乗船して散骨を体験するのが一番だろう。撒く遺骨を所有していない私は、「見学」という立場で参加するのみだが、意を決して臨んでみるとしよう。

ところが、参加日はあいにくの大雨。しかも前日、どうしても外せない仕事上の付き合いで飲み過ぎてしまうという、意を決した割には最悪のコンディションで臨むことになってしまった。不安だ。

しかし、こじつけるようだが、こうしたトラブルは皆さんにも本番の散骨式で起こり得ることだ。普通の葬儀や納骨式なら、ある程度の天候不順でも式は厳《おごそ》かに執り行われる。また、二日酔いや風邪気味程度なら参列を躊躇することはないだろう。

一方、海洋散骨で天候が荒れていたらどうか。参列者が体調不良だったらどうすれば良いのだろう。安全面を考慮して実施か延期かの判断を迫られたり、参加を見合わせる判断をしなければならないこともあるだろう。

そうした疑問について、身をもって解消する良いチャンスではないか。参加を躊躇する心に喝を入れて、雨と二日酔いの中、私は東京湾へとつながる乗船場へと向かったのであった。

天候に関して言えば、実のところ、降雨と波の荒さは必ずしも比例するわけではなく、業者の方の話によれば、「雨が降っていても、波が荒れていなければ出航できる」とのこと。この日は豪雨というほどでもなく、風もほとんど吹いていなかったため、実施は問題なし。ただし曇天のため視界が悪く、散骨地点は多少変更になった。

天候に関しては業者も細心の注意を払っており、風や波の状態から実施に適さないと判断された場合は、できる限り前日までに中止の連絡を行い、日程の再調整がなされるということだ。

体調に関しては……、見学の身で、乗船前に「実は二日酔いなんです」と白状することもできず、「まぁなんとかなるだろう」との思いでとりあえず船に乗り込むことにした。さて、果たしてどうなるか。

乗船すると、まずは船長からの挨拶、スタッフから散骨の段取り、波の状態などの説明がなされる。私が乗ったのは50人乗りの船。合同乗船プランで使われることが多いそうだ。周りを見渡すと、他にも多くの見学者がいらっしゃった。

来る前は、「海洋散骨を見学する人なんて、そんなにいないのではないか、天候も良くないし、下手すると自分一人なんじゃないか」と思っていたのだが、意外にも、私の他にも15人。

年配のご夫婦が多く、娘さんと一緒に来られている方、友だち同士と思しきグループも。一人で来ている方は少なく、船内は明るい雰囲気だ。スタッフによれば、散骨の実施は年々増えており、この業者だけでも月50件ほど執り行っているとのこと。出航時に隣を見ると、別の散骨業者の船が散骨を終えてまさに帰港せんとしており、われわれの船とすれ違ったことも象徴的であった。ことさら土地が狭く、お墓も高い都心という前提はあるにせよ、散骨への関心の高まりを感じる。

出航から10分ほど経つと、船が揺れ始める。船といえば、フェリーや観光用の大型水上バスしか乗ったことのない私からすれば、ちょっと経験したことのない揺れだ。

50人乗りだから決して小さい船ではないのだが、揺れが気になってスタッフの説明にも集中しにくい。7から8人乗りの小型船を使っている業者もあるそうなので、そういう船ではもっと揺れるのだろう。

「今日は、天候の影響で普段よりも多少揺れていますね。でも、東京湾の波はおとなしい方です。首都圏では神奈川県の相模湾や横須賀沖の方が荒れるので、そういうエリアで行うと船に酔われる方もいらっしゃいますね。特にお子さんに多いです」

とスタッフ。

二日酔いの身としては、この程度の揺れで十分おっかなびっくりだ。デッキに出るのは自由ということなので、海風に当たることにした。外に出ると体調も落ち着き、まぁなんとか大丈夫だろうといった感じ。しかし、これが相模湾だったら、昨晩シメに食べた豚骨ラーメンを散骨してしまっていたかもしれない。

ところで、その海風なのだが、東京湾の海風なんてそれほど心地良いものではない。雨天の重苦しさを差し引いても、河口付近の海には時々ペットボトルやビニール袋が浮いており、清々しい航海とは程遠い印象だ。海は土地土地によってずいぶんと環境が異なるもの。「海は世界中どこでもつながっているんだから、どこの海で撒いても一緒」と、どこの海で散骨するかに頓着しない人もいるが、散骨エリアの選定は、慎重に考えるべきだと感じた。

スタッフの説明を受けたり、海風に吹かれたりして過ごしているが、散骨地点までは約一時間の船旅になる。遊覧船等の航路から外れた沖まで出なければならないので、意外と時間がかかるのだ。

通常、この時間は遺族の会食にあてられる。また、葬送のためのCD（アヴェ・マリアとか）や、船に設置されているスクリーンと音響設備を使って、故人を偲ぶ思い出のホームビデオなどを流すこともあるという。ずいぶん用意がいいなと思って尋ねると、

「普段は、船上パーティーなどに使われるクルーザーなんです」

とのこと。

そうこうしているうちに、だいぶ沖に出てきた。ここまで来ると、船もそれほど揺れなくなり、海上にゴミも見当たらない。


いよいよ散骨式だ。


粉末化された遺骨は、あらかじめ、参加人数分の密閉された水溶性の袋に小分けにされ配られる。飛散を防ぐため、袋は開けずにそのまま撒くように指示される。

撒く前にセレモニーが行われるが、司会者や遺族代表が二言、三言ずつ挨拶をするのみの簡潔なものであった。そして黙禱。

その後で、参加者が順に花びらと遺骨を撒く。その際、故人が好きだったお酒や飲み物など、自然に還るものは一緒に撒かれることもあるそうだ。中には、寿司やステーキをボトボトと撒いた人もいるとか。確かに自然には還るだろうし、海だから周辺環境にも影響はないだろうが……

あまりきれいな光景ではないような。

その後、船が散骨地点を3周して、追悼の鐘を鳴らして終了。以上、時間にすると5分から7分ほどだろうか。

普通のお墓の納骨式では、お坊さんの読経があり、重い納骨棺の蓋が時間をかけて開けられるなど厳かな雰囲気に包まれるものだが、海洋散骨ではそうした荘厳さは感じられず、むしろ明るい雰囲気だ。見方によってはあっけないともいえる。

お坊さんを呼んで読経してもらうことを可としている業者もあったが、船が揺れる中で長時間読経されても、おそらくは落ち着かないだろう。このあたりは、好みが分かれるところかもしれない。

見学に参加していた年配の二人組の女性は、

「きれいだ、きれいだ。私たちも死んだらこうしてもらおうか」

と笑い合っていた。

一方、夫婦で参加していた別のグループの奥さまは、

「骨が沈んでいっちゃう感じが悲しいね」

と。感じ方も人それぞれである。

私が感じたのは、「これはやはり、ある程度海に思い入れのある人向けの葬法ではないか」ということだ。港町に住んでいたとか、どこそこの海が好きだった、とか、そういう思いを抱いている方なら、おそらく満足できると思う。

一方、海に何の縁もゆかりもない方は、少し慎重に検討することをおすすめする。何せ、実際に散骨業者と契約を交わし、船をチャーターし、沖に出てしまった後では引き返すことはできないのだ。「思ったよりも海が汚い」、「船が揺れて追悼に集中できない」、「底知れぬ雰囲気が寂しい、怖い」といった思いが胸に去来する中で、永遠のお別れをしてしまうのは後悔のもとだ。

できれば、検討段階で、実際に沖合の海の様子を把握しておくことが望ましい。しかし、海岸付近ならまだしも、沖合ともなると下見に行くのも容易ではない。そう考えると、海洋散骨で満足できるかどうかは、ほとんど一発勝負のバクチのようなものだ。今回私が参加したような事前の見学ツアーを催している業者はまだまだ少数だが、そういう機会を活用して、利用感を探ってみることが大切だと思う。

【「散骨のお値段」まとめ】

マナーに気を遣えば散骨は自由にできる。自分で行えば、費用はかからない。業者に委託する場合は5万円から30万円程度。

永代供養墓は安いのか?

近年、「永代供養墓」と称するお墓が注目を集めている。まだ都市部が中心だが、多くの寺院によって活発に宣伝広告されており、「従来のお墓と比べて安価で済む」、「承継者がいなくても安心」といった内容の折り込み広告や電車内広告をよく見かける。価格は、プランによって幅があるようで、高いものだと100万円近くするが、安いものだと5万円程度といった文字も目につく。

こうした広告を見て、気になっている方も多いと思うが、そもそも「永代供養墓」とは何なのか。

普通のお墓だって、永代にわたって供養することが前提になっているはずではないか。違いがよく分からない。初歩的な疑問かもしれないが、まずはここから解消していこう。永代供養墓を取り扱っている寺院に、永代供養墓と通常のお墓の違いについて尋ねてみた。

「永代供養墓と通常のお墓はまったく違います。そもそも、通常のお墓は永代供養を前提としていません」

「え？　ですが永代使用料を払っていますよね?」

「はい、ですから、あくまで永代〝使用〟なんです。お墓として永代的に使って良いというだけのことです。ご供養は、基本的にはご遺族の方自身が、お墓参りなどの形でされるものです」

「ははぁ。なるほど」

「永代供養墓は、ご遺族に代わってお寺が永代にわたりご供養させていただくものです。仮に承継者がいなくなった場合でも、ご供養は続きます」

つまり、永代供養墓は、お墓の使用者に代わって墓地管理者（寺院など）が故人を供養してくれるお墓で、その供養は、お墓の使用者がいなくなっても永代的に続くということだ。通常のお墓は、墓地管理者はあくまで墓地全体の管理を行うのみ。お墓の使用者がいなくなれば、お墓は更地に戻されるのが原則だ。

おお、いいじゃないか、永代供養墓、と思うが、それほど甘くはない。使用者がいなくなっても（＝管理費の支払いが止まっても）永代供養を続けるとなると、通常のお墓のような数平米の墓地区画に墓石を構えるタイプのお墓ではとても経営採算が取れないらしい。そこで、ほとんどの永代供養墓は、たくさんの人の遺骨をひとつのスペースにまとめて、一緒くたに供養する合祀形式か、屋内にロッカー式の仏壇を連ねる「納骨堂」形式を採っている。

こうした形式のお墓だと、永代供養とはいうものの、どうしても簡素な印象は拭えない。

元々永代供養墓は、お墓参りする人のいない、つまり子どもや承継者がいない方のニーズに応えて生まれたものだという。つまり、通常のお墓を建てようにも建てられない人が仕方なく契約する、後ろ向きな印象のサービスだったのだ。

しかし、近年は、「お墓を受け継いでくれる家族はいるが、お墓の管理のために子どもや孫の手を煩《わずら》わせたくないから」という理由で、あえて永代供養墓を検討する人も多いという。彼らにとっては、むしろこの簡素さがメリットとして映るのだ。

さて、この永代供養墓、実際に利用するとしたら、果たして十分な満足感は得られるのだろうか。また、どのくらいの値段がかかるのか。検証してみよう。

早速訪れたのは郊外のある寺院。「一番安い永代供養墓を見せていただきたいのですが」と言って案内されたのは、石造りで、小屋ほどの大きさの施設。

「こちらは合祀墓になっておりまして、最初の納骨のときからこちらに合祀でお納めすることになります。値段は5万円です」

この小屋全体が合祀墓なのか。ここの納骨棺に、骨壺を使わず直接遺骨が納められるということだ。同様のサービスは他の寺院でも多く扱われており、概ね3万円から10万円の範囲で提供されている。

確かに安く、魅力的な金額であるが、個人的には、赤の他人の遺骨と一緒に弔われることに抵抗感を覚えないと言ったら嘘になる。まぁ、気にしない人は気にしないのだろうが……。

浮かない顔をして話を聞いていると、こちらの気持ちを察したのか、担当者がすぐに別の場所にある永代供養墓に案内してくれて、説明を切り替える。

「続いて、こちらの永代供養墓は、『合同墓』と呼んでおりまして、まずは骨壺のままお骨をお預かりし、他の方の骨壺と並べて、三十三回忌まで安置致します。その後、骨壺から出して合祀する形になります」

なるほど……。死んで早々、他人の遺骨と混ぜられることに抵抗を感じる人向けに、32年間の猶予期間が与えられる仕組みといえる。

確かに没後32年間もお墓参りできれば、遺族の気も済むかもしれない。寺院によって、七回忌、十三回忌、五十回忌など、合祀に移行するタイミングも様々だ。6年、12年だと少々寂しいかな。三十三回忌くらいであれば、まずまず妥当な期限設定だと言えそうだ。ただし、金額は30万円と、最初から合祀の永代供養墓よりぐっと上がる。

オフィスビルの中に並ぶ仏壇

納骨堂と呼ばれる屋内型の永代供養墓もある。見学の予約を取って、教えられた番地の近くにやってきたのだが、一向にお寺らしき建物が見えてこない。

「え……ここ？」

辿り着いたのはオフィスビル然とした建物。しかし入り口には寺院名を記した扁額《へんがく》が掲げられているから間違いなくここがお寺なのだろう。お寺っぽくない門構えに戸惑うが、中に入ってみるとすぐ立派な本堂となっており、一気に身が引き締まる。

見学に来た旨を伝えると、エレベーターで上階に通された。俗に「ロッカー型納骨堂」と呼ばれる永代供養式のお墓のフロアだ。ちょうど大きめの駅のロッカーのような棚がズラッと四列並んでいる。

「ロッカー型」とはいえ、扉には仏壇調の彫刻が施されており、荘厳な雰囲気は存分に保たれている。これを観音開きすると、中はまさに小型の仏壇。そこにはL判サイズの遺影や位牌、小さな花が飾られていた(見せてもらったのは見学用もの)。ロッカーは奥行きがあり、手前側に位牌等を置き、奥には骨壷を安置するという前後二層構造になっている。

工夫された構造になっているとはいえ、所詮はロッカー。「このスペースでは骨壺ひとつが限界なんじゃないか……」と心配になってしまったが、営業担当者の説明によれば、「最大で4体分のご遺骨が入ります」とのこと。

「えっ。本当に?」

「はい。骨壺は二つ並べることができます。それ以上お納めになる場合は、粉骨して小さなサイズの箱に移し替えていただければ、最大で4体分、確かに入ります」

4体入るということは、0・5㎡~0・6㎡のお墓(平置き式の納骨棺)に相当するサイズだ。親子二代が納まることは可能だ。狭いながらもにぎやかな我が家……といったところか。

ただ、気になる点も。目線の高さにある上の方のロッカーであれば、遺影と目を合わせ、位牌に手も合わせやすいのだが、一番下のロッカーではどうだろう。かがんだくらいではまだ届かず、膝をついてお参りするしかない。腰を曲げにくい年配の参拝者には負担になりそうである。

また、私が見学に行った日は、日曜日だが盆でも彼岸でもない平時だったため、フロアには私と営業担当者以外誰もおらず、ゆっくりと見学をすることができたのだが、お盆の時期にはそれなりに混むという。室内という開放感のなさも手伝い、なかなか落ち着いてお参りというわけにはいかなそうだ。この点は、営業担当者も率直に認めたうえで、

「私どもではむしろ、お盆やお彼岸に縛られずにお参りをしていただきたいと思っています。市街地という好立地ですから、仕事帰りやレジャーのついでに気軽に立ち寄ってお参りをすることができますよ」

ものは言いようだが、確かにこの点は、都市部で暮らしたり、働いている人にとっては魅力的かもしれない。

お値段は50万円。下部のロッカーはそれより少し下がって40万円だ。極

端に安いという印象もないが、通常のお墓を買うより安いことは確かだ。こちらの寺院は地方に本院を有しており、そこでも室内型の永代供養墓を営んでいるそうなのだが、そこの値段は、東京よりも少し安いという。

永代供養という言葉のワナ

もっとも、前述したように、永代供養は一定期間後には合祀されるのが宿命だ。こちらの永代供養墓の場合、個別のロッカーに納めておけるのは、最後に納めた遺骨の十三回忌まで。以降は合祀墓に移される。

「永代供養」という言葉の響きから、永遠にその場所に安置されることをイメージする人が大半だと思が、実際にはそうではなく、十三回忌なり三十三回忌なりの時限があり、いずれかのタイミングで合祀墓に移されるという点には注意しなければならない。

建前上は、「合祀墓に移っても供養は続けます。だから永代供養なんです」ということなのだが、もともと安置されていた場所から撤去されるとなると、そこでサービス終了、となってしまうような印象は拭えない。永代供養墓を契約する際には、必ず気にしておきたいポイントだ。

あくまで個人的な感想になるが、10万円以下で済む、最初の納骨時から合祀されるタイプの永代供養墓では寂し過ぎるし、十数年から数十年間遺骨を安置してくれる合同墓や、ロッカー式の納骨堂が30万円から50万円するのは少々割高に感じた。

大半の永代供養墓は、一回きりの支払いで済む(通常のお墓で必要な管理費が不要)し、定期的なお墓の掃除やメンテナンスの手間がかからないため、簡素さを好む人にはおすすめできるかもしれない。

【「永代供養墓のお値段」まとめ】

最初から合祀されるタイプの永代供養墓は10万円以下におさめることも十分可能。遺骨を一定期間安置するタイプは30万円から50万円と、少々割高になる。

手元供養の組み合わせで安価＆安心！

樹木葬、散骨、永代供養墓といった新しいタイプのお墓を取材して気づいたのは、

「こうしたお墓も合理的で良いのだが、どうもいまいち踏ん切りがつかない……」

という自分の気持ちだった。

いずれも、納骨後すぐ、あるいは何回忌か後には、遺骨が自然に還ったり、合祀されたりして、〝もう二度と取り出すことができなくなる〟という点が引っかかるのだ。なんだか完全にこの世からいなくなってしまうようで、若干寂しい気持ちになるのだ。

なんだかんだ金額面で不満はあっても、伝統的なお墓における、故人の象徴たる墓石と、その下には遺骨が安置されているという事実は、故人との確かなつながりを保証してくれる存在であり、安心感を与えてくれるものなのだ。

新しいタイプのお墓が、このような安心感に乏しいのは事実だろう。しかし、こうした寂しさを埋めてくれるオプションも存在する。それが「手元供養」だ。

手元供養とは、遺骨を自宅で保管することで、故人をごく身近に感じながら日常生活の中で行う供養の在り方だ。遺骨がすぐ手の届くところにあるわけだから、これ以上に故人とのつながりを感じさせてくれるものはないだろう。

遺骨を手元に置いておくと、いつまでも故人が成仏できないという考えの人もいるというが、根拠のある話ではない。宗教上の教義においても、仏教でもキリスト教でも、魂は遺骨に宿るものとはされていない。もちろん、無宗教の方であればすべては自分の気持ち次第だ。

遺骨を手元に置いておく方法として、最もシンプルなのは、骨壺をそのまま自宅に安置することだ。こうした例は今も昔も一定程度存在する。なかなか公営墓地の抽選が当たらず、そうこうしている内に「別にお墓に入れなくてもいいか」とあきらめてしまった人や、様々な事情で家のお墓に入れなかったり、金銭的な事情でお墓を建てられなかったりした人に多い。

しかし、一般的な骨壺(東日本圏)といえば炊飯器以上の大きさだ。生活圏に置いておくにはちょっと大き過ぎるし、床の間に飾るのも具合が悪い。納戸にしまっておくとなると湿気やカビが心配だし、何かの拍子でひっくり返した日には大騒ぎだ。

筆者は骨壺を自宅に保管している人に会ったことはないのだが、NPO手元供養協会によれば、関東だけで100万個もの骨壺が自宅に安置されているとの説もあるとか。まぁ広い家なら置いておけないことはないだろうが、それにしても、皆さん、いったいどこにしまっているのだろうか……。

今日的な手元供養といえば、骨壺をそのまま保管するのではなく、そこから遺骨のごく一部を取り出し、粉骨等の加工を施したうえで、小型の容器や収納スペースを備えた置物やアクセサリーに収納するというスタイルが一般的になっている。

実際に、手元供養品を扱う専門店に足を運んでみると、小さな骨壺、お守り風、フォトスタンドを兼ねたもの、オブジェ風、ネックレス、ブレスレット、ブローチなど、多彩なバリエーションに驚かされる。価格帯は、数千円のものからせいぜい数万円程度のものが多い。

店員さんに話を聞くと、年配の女性を中心に、アクセサリータイプのものが人気を集めているそうだ。個人的には、アクセサリーは外出先で落としたり、失くしたりといった事故の可能性を心配してしまう。遺骨が納められていることを考えると、文字通りかけがえのないものだ。「また買えばいい」というわけには到底いかず、失くしたときのショックは筆舌に尽くしがたいと言っても過言ではないと思うのだが。しかし店員さんは「そういう心配をされる方もいらっしゃいますね」程度の反応。これって結構重要な問題だと思うのだが……。

多くの手元供養品の収納部分が、キャップやネジ式の蓋によって開封し、そこに粉骨した遺骨を納めるという結構単純な仕組みになっていることから、防水性の乏しさも心配だ。うっかりブレスレットをしながら水仕事をしたり、大雨に降られたりすると、内部への浸水の可能性もあるだろう。

そう考えると、身に着けるタイプではなく、自宅に安置しておける、置物タイプの手元供養品が望ましい。手のひらに収まる程度のサイズで、仏壇やマントルピース、書棚に飾ってあっても違和感のないデザインを選びたいところだ。素材は、陶器、ガラス、木材、真鍮《しんちゅう》など様々なものがあり、デザインも豊富だ。

筆者が最も気に入っているのは、87ページでも触れた、国内最高級墓石の庵治石を使った手元供養用の小型のお地蔵さんの置物だ。お墓にすれば数百万円は下らない高級石が、手のひらサイズにすることによって約10万円で手に入るのである。

10万円というお値段は、手元供養品の中では間違いなく高級品の部類だが、実際に石材店で庵治石を見て、分不相応にも気に入ってしまった身としては、この値段で最高級のステータスと安心感を同時に手に入れられるお得さにはなかなか抗《あらが》えないものがある。

庵治石でつくられた手元供養地蔵の例。底に蓋がついており、中に粉末化した遺骨を入れることができる。

手元供養は、本章で紹介してきた、遺骨をこの世に残せない新しいタイプのお墓と併用することによってこそ、そのありがたみを発揮するといえる。自然葬や合祀ではどうしても避けられない、「二度と遺骨を目にすることはできない」、「二度と故人に触れることができない」、といった事態を回避することができるのだ。

しかも、新しいタイプのお墓も手元供養も両方安い。併用してもトータルの費用が数十万円台で済むことは大きな魅力といえるだろう。

散骨や合祀を選んだ人の中には、後年、故人の証が手の届かないところへ行ってしまったことを後悔する人も多いという。また、遠方地で建墓した場合も、その距離感が寂しさを誘うこともあるはずだ。独り残されたあとで寂しい想いをしないように、できるだけ安価な葬送を考えている方こそ、手元供養の併用を検討してみてはいかがだろうか。

第五章　人の家のお墓に入る方法

新しい埋葬提案は「墓シェア」

さて、これまで様々な切り口から「安価にお墓を買う方法」を紹介してきたが、最後に、思い切って「自分だけで買う」という発想から解き放たれてみるというのはどうだろう。

現代とは「シェア（共有）」の時代である。現代人は、お金のかかる固定資産は単独所有せず、関係者とお金を出し合い共同所有または共同利用することで、個人にかかる負担を軽くする知恵を得た。特定の共同体で自動車や住宅を共用する試みは、カーシェアやシェアハウスと呼ばれ、一定の市民権を得ている。ならば「墓シェア」があっても良いのではないだろうか。カーシェアならぬハカーシェアである。

今日の常識に照らせば、「一家族一墓」が当たり前と言われている。しかし、一家族で買おうとするから100万円、200万円という金額が重荷になるのだ。複数の家族や世帯が共同でお墓を購入することができれば、当然一家族あたりの負担額は軽くなる。カーシェアやシェアハウスと同じように、赤の他人同士が集まってお墓の共同購入とまでは言わないまでも、せめて親戚縁者同士でのお墓の購入、所有の形があっても良いのではないだろうか。

「両家墓」と呼ばれるタイプのお墓がある。夫の実家と、妻の実家、両方の家族の遺骨を納骨しているお墓だ。墓石には、両家の家名が並べて刻印されていることもあるが、「違う名字を並べるくらいだったら」と、「愛」や「旅立ち」などといった抽象的な言葉が彫られることも多い。

これは一種の「墓シェア」だ。どちらかの家が全額出しているケースもあるだろうが、やはり夫の実家と妻の実家がお金を出し合う場合が多いだろう。息子夫婦の家もお金を出せば、三世帯でお墓にかかるコストを分担することができる。すべて一家族で買えば150万円かかるお墓でも、分担すれば50万円で済むのだ。

これ以外にも、両家墓のメリットはある。夫の実家の墓と、妻の実家の墓が別々だと、それぞれお墓参りに行かなければならない。お互いの実家が離れていれば大変だ。両家墓なら、お墓参りは一度で済む。また、妻が一人っ子だった場合、嫁いでしまえば妻の実家のお墓の承継者はいなくなってしまうが、両家墓ならその心配もなくなる。二家族でお墓を共有することが、いかにお墓にまつわる様々な問題を解決してくれるか、お分かり頂けるだろう。

こうした両家墓の考え方をさらに推し進め、親戚や友人同士でお墓を共同購入し、共同で使用するということもできるのではないだろうか。まず、共同購入自体は問題がない。誰か代表者が集金して、霊園や自治体等の墓地管理者に納めれば、彼らにはお金の出所は分からないし、別に気にしないはずだ。

問題は、「お墓の共同使用」が許されるかどうかである。お墓の使用とは、この場合「納骨」を指す。通常、「納骨できるのは購入者の家族の遺骨までである」と考えられがちだ。しかし、どこまでを「家族」として扱うべきかは意見の分かれるところだろう。両家墓がそれなりに市民権を得ていることを考えると、義父、義母あたりまでは「家族」と判断してよいのではないか。では、親戚や友人の遺骨の納骨を希望した場合はどうか。墓地管理者はどんな反応を示すのだろうか。お坊さんが顔を真っ赤にして怒り出しはしないだろうか。

これを検証するために、墓地の使用規則や契約、そして法律上の規定を確認してみよう。

意外と柔軟!? 誰の遺骨まで納められる?

墓地の使用規則の中には、埋葬できる遺骨の範囲を定めているものが多い。例えば、条件が厳しいお寺の墓地規則を読んでみると、

「使用者の配偶者、及び直系血族の父母、並びに二親等以内の直系卑属に限る」

と書いてある。

これだと、自分（使用者）の配偶者と、実の両親、子ども、孫の遺骨は納めることはできるが、祖父母や兄弟の遺骨すら納められないことになる。義父母や甥の納骨など望むべくもなく、血のつながっていない継母の納骨もできない。両家墓もダメだ。き、厳しい……。正直言って不自由さを感じるし、こういう規則の墓地はあまり利用したくない。

しかし、ここまで厳しい条件を課すお墓は実は少数派。比較的多く見られるのは、「使用者の親族」という範囲だ。

「親族」とは、民法の規定によれば、六親等以内の血族、配偶者、三親等以内の姻族だから、実は相当広いのである。叔父、叔母、甥、姪、いとこ、甥や姪やいとこの子や孫、義父母、義祖父母、義兄妹、配偶者の叔父や叔母……なんとこのあたりまでお墓に納めることが可能なのだ。意外と広範で、かえって戸惑ってしまうくらいだ。

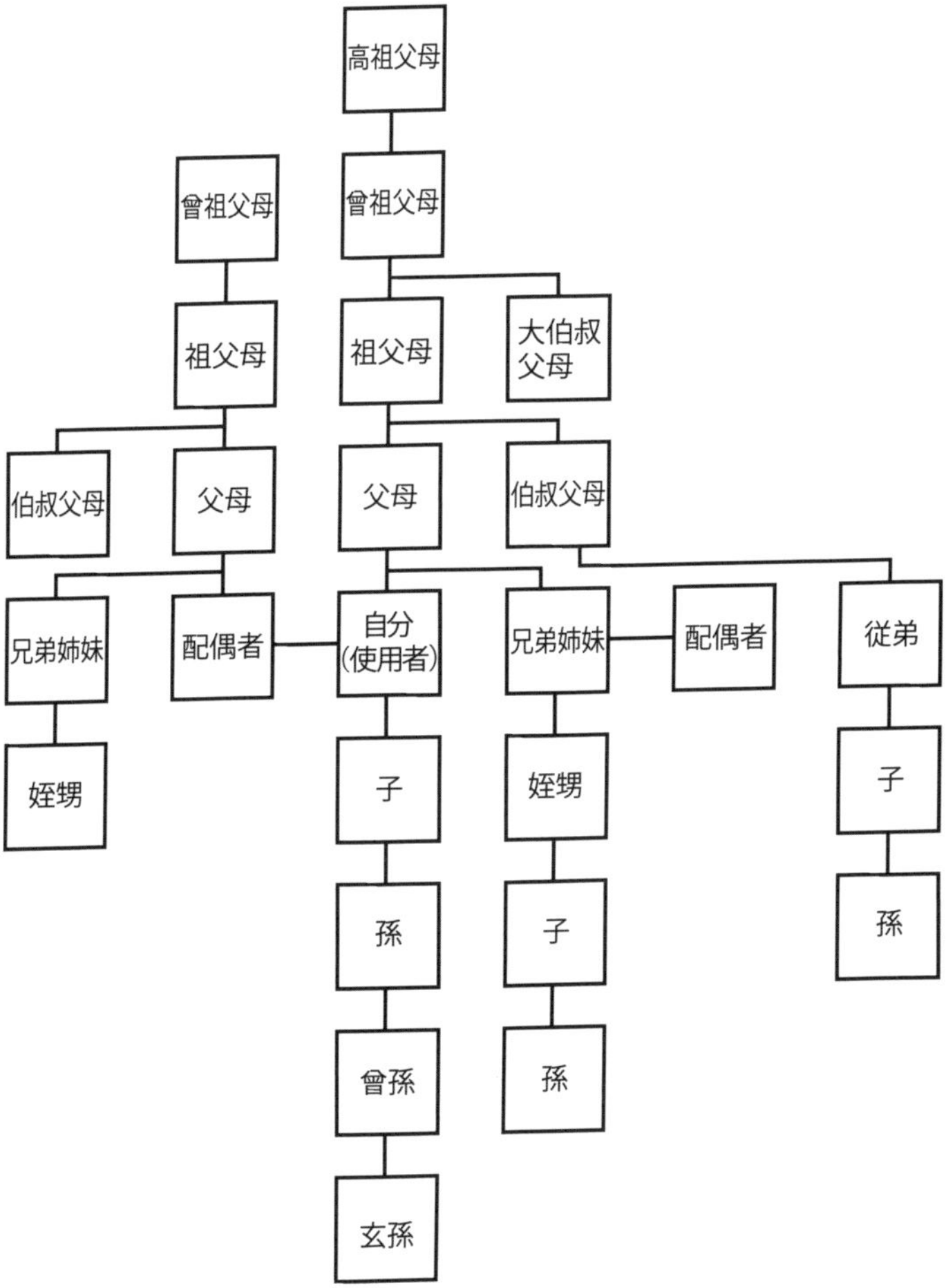

全員親族。墓地規則上の納骨範囲が「使用者の親族」お墓なら、全員入ることができる。

こうした事実を知っている人が果たしてどのくらいいるのだろうか。従弟の子や、妻の叔父さんなんて、10年に一度会うか会わないか、という人も多いと思う。そんな間柄でも、一緒のお墓に入ることに何の問題もないのである。

一般的には「親族でも苗字が違えば、別のお墓をつくるのが当然」という認識の人が多いと思う。しかし、これは墓石に家名が刻まれる風習から来る誤解でしかないのだ。

そこでどうだろう。親族一同が少しずつお金を出し合って、全員が入れるお墓をつくるというのは。これだけ親族がいれば、金持ちも一人や二人いるだろうから、上手くいけば400万円から500万円のお墓をつくるのも夢ではない。おお、都心の一等地にお墓を建てるも良し、田舎に10㎡級の巨大墳墓をつくるも良し、だ。

さらに、こんな使用規約の墓地もある。

「使用者は、使用者の親族及び縁故者を埋蔵することができる」

縁故者もいいのか……。もはや血のつながりすら要件ではなく、縁故のある者(友人等)とのお墓の共同使用も可能ということである。

なお、自分が検討、契約している墓地の使用規則が、納められる遺骨の範囲を狭く限定していた場合でも、あきらめるのは早い。

実は、多くの墓地では、使用者が規約範囲外の遺骨の埋葬を希望する場合は、墓地管理者(お寺の住職など)に事情を説明し、その了承を得ることで、埋葬ができるという運用になっている。

例えば、納骨可能範囲を「親族に限る」としていることの多い公営墓地では、にもかかわらず「親族外埋葬申請書」といった書式をあらかじめ用意しているところが多い。親族以外の遺骨を埋葬したい場合は、この書類を自治体の所轄部門に提出することで、埋葬の許可を得るのだ。

もちろん、誰でも彼でも埋葬できるわけではなく、使用者との関係性などを考慮し、埋葬することが妥当であるかが審査されるわけだが、何かと規則や慣習にがんじがらめになっている葬送業界の中では、意外や意外。柔軟性があるのである。

なぜこんなに柔軟性があるのか。背景には、墓埋法の次の規定がある。

（墓埋法 第一三条）

「墓地、納骨堂又は火葬場の管理者は、埋葬、埋蔵、収蔵又は火葬の求めを受けたときは、正当の理由がなければこれを拒んではならない」

つまり、霊園や寺院、自治体は、「うちのお墓に○○の遺骨を埋葬してくれ」と要求されたら拒めないのが原則なのである。「妻の父の姉の息子の遺骨を埋葬してくれ」とか、「ずっと家で親の介護をしてくれたヘルパーさんの遺骨を埋葬してくれ」などと言われたとしても、拒んではいけない。

条文の反対解釈により、拒むべき「正当な理由」があれば、拒んでも良いということになるが、この「正当な理由」は、かなり限定的に解釈されている。

というのも、本条の立法趣旨のひとつに、「死者に対する遺族などの関係者の感情を損なうことを防止する」というものがあるからだ。そうである以上、社会通念に照らして「埋葬を拒んだら遺族ら関係者が辛い思いをする」という状況を否定もしくは上回る理由がなければ、埋葬を拒めないということになるのだ。

それは例えば、「何の縁もゆかりもない人の遺骨を持ってこられて、墓地の円滑な管理に明らかに支障を及ぼす」とか「墓地がいっぱいで新たに埋葬するスペースがもうない」とか、そのレベルの理由だ。

これを踏まえると、「血はつながっていないが、生前とても懇意にしていた」あるいは「お世話になっていた」、「子どものように面倒を見ていた」などの事情があれば、墓地管理者としてはその遺骨を埋葬することを拒むことはできない。たとえ、墓地規則を根拠に拒まれたとしても、当然、法律は墓地規則よりも優先される。裁判をすれば勝てるだろう（そこまでするかどうかは別として）。おお、これならば友人同士でお墓を使うことも、法的には問題なさそうだ。

「一緒のお墓に入ろうね」という約束は守られるのか？

もっとも、墓地規則や法律上、お墓に親戚や縁故者を納骨することが許容されていたとしても、購入者側の人間関係に亀裂が生じれば、円滑な共用はたちまち困難になってしまう。

一つの家族内であっても、しばしば「夫の家のお墓には入りたくない」、「弟とは絶縁しているからうちのお墓には入れたくない」といった問題が生じることはある。ましてや、親戚や縁故者にまで人間関係を広げれば、「なんであの人と一緒のお墓に入らないといけないの？」といった感情が、身内の方から生まれてきても不思議ではない。

例えば、私と親戚Aが一緒のお墓に入ることを前提に、お金を出し合ってお墓を購入したとする。その後、何らかの原因でAとの関係がこじれてしまい、没交渉状態になってしまったとしたらどうなるか。20年後、私が死に、遺された私の家族がAに私の納骨を頼んだとき、Aからそれを断られてしまうという可能性はある。私からしてみれば、お金を払ったのに墓には入れないという状況だ。毎晩枕元に立って恨んでやるしかない。

さらに言えば、Aが私より先に死んでいた場合は、話はもっと複雑になり得る。何せ、私の納骨に際して、私の家族とAの家族が交渉しなければならなくなるのだ。当人同士がすでに没交渉だったのに、果たして家族同士が上手に話をつけられるだろうか。まったく自信がない。

もし、不幸にしてこのような問題が起こってしまった場合、どのように解決をすればよいのだろうか?

まず、原則を説明しよう。お墓に誰を納骨するかについて最終的な決定権を持つのは、そのお墓の代表所有者である。

代表所有者というのは、家族、親戚縁者のうち、墓地管理者との契約当事者になっている代表者のことだ。実は、両家墓や、多くの親戚縁者が入れるお墓であっても、墓地管理者との契約当事者は、原則一名に限られていることがほとんどなのである。代表者以外の親族らは、墓地規則上は遺骨を納めることはできるものの、決定権は持っていない。「お墓に入れる、入れない」で揉めた場合は、代表所有者が裁定を下すことになる。

また、代表所有者の死亡後は、その所有権は、民法第八九七条の規定に従い、「祖先の祭祀を主宰すべき者」原則として1名に承継されることになる。通常の相続財産は、配偶者や子供たちなど、複数の遺産相続人に分割して相続されるが、お墓や仏具等については、分割相続はなされないことになっているのだ。通常は、配偶者か、長男であることが多いだろう。

(民法第八九七条)

「系譜、祭具及び墳墓の所有権は、…(中略)…慣習に従って祖先の祭祀を主宰すべき者が承継する。ただし、被相続人の指定に従って祖先の祭祀を主宰すべき者があるときは、その者が承継する」

以上から、もし確実に自分の遺骨を納骨したければ、自ら代表所有者を買って出ることが望ましい。ただし、代表所有者になるということは、自分の墓地区画管理の責任者になるということでもある。墓地管理者との付き合い、管理費の支払い窓口など、果たすべき役割が多いことは覚悟しておこう。

もっとも、現実的には、代表所有者だからといって、親族らの反対を押し切って、独裁的に納骨を取り仕切ってしまえば、人間関係に禍根を残すことになりかねない。代表者としての権限も活用しつつ、墓地管理者や住職に仲介を頼むなどして、話し合いで解決を図るのが妥当な解決方法であろう。

みんなでお墓を買う前の約束事

もし、納骨時に誰をお墓に入れるかで揉めてしまった場合は、前項の対応を検討することになるが、これからお墓を複数世帯で購入しようとしているのならば、そもそも「やっぱりあの人を同じお墓にいれるのはイヤだ」というような問題が起こらないよう、最初から策を講じておくべきだ。

具体的には、お墓の購入段階で、共同所有者はそれぞれどのようにお墓を利用できるか、お墓の管理についてどのような義務を負うか等について、書面でお互いに確認し、合意書を作成しておくことである。

合意書といってもそれほど大げさなものではない。最低、以下の3点の事項について記載されていれば足りるだろう。

①お墓の購入費（初期費用）分担についての内訳

お墓を購入するときにかかるコスト、つまり永代使用料、墓石代の総額はいくらで、それを誰がどのような分担で拠出するのかを確認する項目だ。例えばトータルの初期費用が100万円であれば、我が家が50万円、A家が50万円という等分での持ち合いがもっともフェアで分かりやすい。ただし、後述するお墓の管理義務について、どちらかに負担を偏らせる場合は、その点を考慮して初期費用分担の割合を調整するのも一案だろう。

別紙として、墓地管理者から提示された請求書や、自己負担分の金額を代表所有者に振り込んだ際の振り込み明細書の写しなどを添付すると、内容の正確性はより高まる。

本項目の記載により、共同購入の事実を証明することが可能となる。

②お墓の管理についての役割分担

お墓は買ったらそれでおしまい、あとは放っておいても大丈夫……というものではない。管理費の支払い、定期的な掃除、石に傷みが生じたら補修工事なども必要である。こうした管理についての役割分担も合意しておこう。

特に具体的に決めねばならないのは管理費についてだ。通常は、毎年一回、墓地管理者から代表所有者宛てに請求書が届き、それに基づいて支払うか、あるいは代表所有者の口座から引き落とされることが多い。

共同所有の場合、各所有者が毎年代表所有者に管理費の自己負担分を支払うのが妥当だ。代表所有者には、墓地管理者とやり取りしなければならない手間が発生することを考えると、管理費の分担割合は、代表所有者分を多少安く調整するのもよいだろう。例えば、3家族で負担するなら、管理費の負担割合を、代表所有者：家族A：家族B＝2：4：4と定めるといった具合に。

お墓の掃除や補修の必要が生じた際の役割分担については、あらかじめ決めておけるのであればそれに越したことはないが、前者はいささか些末であり、後者は不確定要素がある事象であることを考えると、「掃除は互いに協力して行う」、「補修の必要が生じた際には、誠実に協議し対処する」といった努力義務規定にとどめておいてもよい。

③納骨できる遺骨の範囲

一番要の項目だ。初期費用も、管理の手間も、各所有者が平等に分担した事実を踏まえたうえで、各所有者及び各所有者の家族・親族(何親等までかも規定すること)の死亡に際し、本人または遺族が納骨を希望した場合、他の所有者はそれを拒んではならない旨を定めておこう。この項目に合意がなされれば、将来的に「やっぱり君の奥さんのことは気に入らないからお墓に入れないでほしい」なんてことを言われずに済むのだ。

なお、自分の死後もこの合意の有効性を維持させるためには、「お墓の所有権並びに永代使用権が第三者に承継された場合も、本合意が有効であることを確認する」の一文を加えることが必要だ。

いかがだろうか。親戚縁者の間柄でこのような合意書を交わすことには抵抗感を覚える人もいるかもしれない。しかし、単なる口約束では、それがそれが10年先、20年先、ましてや当事者が亡くなったあとでは、それが守られる保証はない。この手間は惜しむべきではないだろう。

みんなの理想のお墓をつくるために

お墓の共同購入にデメリットがあるとすれば、頭数が多い分、意思決定のプロセスが複雑化しがちということだ。前章までで述べてきたような、「どのくらいの広さのお墓にするのか？」、「どこに建てるのか？」、「どんな石を使うのか？」といった事柄を決めるにあたり、各家族が好き勝手にああだ、こうだと言い出してしまったら、なかなか収集がつかないだろう。

「せっかくみんなでお金を出し合うんだから、広いお墓にしましょうよ」

「中国産の石はちょっと心配だわ。それよりこのピンク色の石なんてどう?」

「私は車の免許を持ってないから、駅近の立地だけは譲れないわ!」

こんなことを言い出す親戚のおばさんが一人でもいたら、あれよあれよと言う間に値段が上昇してしまう。250万円、300万円……となってしまえば、複数家族で共同購入するメリットも雲散霧消だ。

できれば、お墓づくりの主導権は自分で握った方が良い。

「いや、義姉さん、2㎡あれば十分ですよ。それで骨壺10個以上は入るんですよ。粉骨して小さい骨壺にすればもっと小さいお墓でも大丈夫ですよ」

「色のついた石は高いですよ。それに中国産の石なんて今は当たり前なんですから。加工技術が劣っていたのは90年代までですよ」

「駅近にするんだったらお墓の広さは妥協して1㎡にしないと。骨壺を使わなければ遺骨はいくらでも入りますよ」

などと、本書で得た知識を駆使しながら、がんばって周囲を説得してほしい。

しかし、説得と言ったが、自分の都合ばかりを押し付けるばかりでもいけない。主導権は握りつつ、あくまで家族や親戚縁者みんなのために、無駄なお金をかけずに、できるだけお得に、かつ理想に近いお墓づくりを提案することだ。民主的な姿勢をお忘れなく。

これは、一家族でお墓を建てようが、複数の家族で共同購入しようが同じなのだが、理想のお墓づくりを考えるにあたっては、同じお墓に入る者同士、ずっと良好な関係を維持し続けることが、結局は一番大切なのである。

前項で説明したような、お墓の運用方法についての有効な合意書があれば、たとえ人間関係がこじれたとしても、合意に基づいて納骨を履行することはできる。しかし、疎まれているのに合意書を盾にふてぶてしくお墓に入るよりも、良好な人間関係の中で気持ちよく見送られる方がずっとよい。誰だってそうだろう。同じお墓に入るということは、死ぬまでどころか、死んだ後もお付き合いを続けていくということなのだから。

合意書は、あくまで切り札、本当にこじれたときの保証としてつくっておくべきだが、誰かと一緒のお墓に入ろうと思ったら、打算だけで決断するのではなく、それをきっかけに、お互いに絆をしっかりと深め合ってほしいのだ。お墓づくりを考えるということは、お互いの死生観に触れ合うということだ。「死後、自分がどう在りたいか」ということについて語り合い、歩み寄るということなのだ。

そうしたコミュニケーションを惜しまず、当事者全員の人生の締めくくりに思いを至らせていけば、誰も揉めることなく、わがままを聞かされることもなく、みんなの理想のお墓が必ず具現化できると思うのである。

お墓観が多様化する時代に

本書の執筆を通して、石材店や寺院など、様々な葬祭業者の方のお話を伺った。その中で、ある石材店の担当者がポツリと言った、「最近はお客さんのニーズをつかむのが難しいね」という言葉が耳に残っている。また、最近の流行りやお客さんの傾向について尋ねると、見事にお店によって言うことがバラバラだったのも印象的だった。「国産石にこだわるなど、本物志向のお客さんが増えていますね」、「今はなるべく安い石でも構わないというお客さんが多いです」、「世間体がありますからやっぱり大きいお墓が人気ですよ」、「なるべく管理の負担がかからない永代供養墓が注目を集めています」、「散骨人気が高まっています」、「散骨なんて後悔する人が多いですよ」……。

いったい誰の言うことを信じればよいのやら、という気持ちになるが、冷静に考えれば、この現象は、取りも直さずお墓を巡る人々の価値観がそれだけ多様化していることの証左といえるだろう。

誰もが判で押したように、同じようなお墓を望む時代はもう終わっている。ひとりひとり、自分の理想のお墓像が違うのだから、統一的な顧客ニーズをつかむのが難しいのは当然だ。お店によって言うことが違うのは、そのお店が、自身のお得意様の意見をさも世間一般の声であるかのように喧伝しようとしたからかもしれない。

本書を手に取られた方には、おそらく「なるべく安く」という点にこだわってお墓選びをしてみたいと思っておられる方が多いのではないかと思う。お墓ビジネスの構造上の問題や、旧来の価値観による心理的な束縛もあり、安価かつ自分の満足のいくお墓をつくるためには、主体的な情報収集、発想の転換、根気強い交渉、親族間の連携などが求められる。検討を進めていく中で、時には「やっぱり値段が張っても、霊園や石材店が勧めるままに選んだ方がずっと楽かもしれないな……」と、くじけそうになることもあるかもしれない。

しかし、同じような思いでお墓選びをしている人は、間違いなく増えている。外野から「やっぱり普通のちゃんとしたお墓が一番いいですよ」という声が聞こえたときこそ、臆さずに、「安くても、素敵なお墓をつくりたい」という内なる声としっかり向き合ってほしい。そして、そんな想いを汲んでくれる業者との出会いをあきらめないでほしい。それは決して間違った態度でもなければ、異端な発想でもない。人それぞれでいいのである。それこそが、お墓観が多様化した時代の、正しいお墓との付き合い方なのだから。

あとがき

ちょうど本書の執筆中に、筆者は祖父と父を亡くしている。祖父の墓は、地元で由緒ある寺院墓地に建ち、そこの角地の3㎡ほどの大きさの区画にある。

納骨式では、お坊さんが長い間読経をしてくれた。お墓に遺骨を納める際にも、お墓の前で立ち会い、厳かに手を合わせてくれていた。石材店の店員が、時間をかけて納骨棺の蓋を開けると、そこには、曾祖父母の骨壺が二つ納められていた。そこに祖父の骨壺を納め、再びゆっくりと蓋を閉じる。

それまでも、臨終、葬儀、火葬、骨上げ、納骨式と、節目はいくつもあったが、祖父との今生の別れを強く実感したのは、まさにこの蓋が閉まった瞬間だったと思う。

納骨を終えてから、最後に、お坊さんが私たちに向かって、

「遺されたご家族、ご親戚、ご友人が健康に過ごされることが、故人

にとっての一番の供養になります。インフルエンザも流行っておりますから、どうか健康にご留意いただき、ご自愛ください」

と、家族の健康を気遣い、それで式を締めくくったことが印象に残っている。悲しい別れの後のはずなのに、どこか晴れやかな気持ちにさせてくれた。真冬の2月下旬のことだった。

お金をかけた、いいお墓であり、いい納骨式だったたと思う。

父は祖父と違い、葬式やお墓にまったく頓着することがなかった。生前から、葬式もお墓も不要だと言い続け、死後は自分の体を献体すると決めていた。

献体とは、医科大学等に対して自らの遺体を無条件で提供し、学生の解剖学実習等に役立ててもらうという制度だ。実習後には大学で火葬され、遺骨は遺族に返還されるものの、一般的な葬送や供養の趣とは縁遠い世界である。

献体をするには、献体希望者本人が生前に申し込まねばならず、またその際には家族の同意も必要だ。私も含め、家族全員が父の意思を尊重し、同意書に署名、捺印を済ませていた。

父は癌を患っていたのだが、死期が近いことを悟ってからは葬式どころか治療もほとんど拒否していた。治療も拒否。葬式も拒否。お墓も拒否。筋金入りの頑固さだ。

そんな父が息を引き取ったのは、まさに本書の校正中であった。

本書執筆中には、もう先が長くはないことは分かっていたので、「今、ちょうどお墓の本を書いている」とはなかなか言えず、ついにその機会も逸してしまった。もし「なるべくお金をかけずに満足のいくお墓をつくるための本だよ」と伝えたとしたら、「甘い。お墓自体が要らないといつも言ってるだろうが」と言われたような気がする。

父の亡骸は、本人の希望通り、臨終後、すぐに大学病院へと搬送されていった。

死後の処し方として、対極的と言える方法を選択した祖父と父について、どちらの方が望ましいとか、悪いとか考える身内は一人もいない。本人が一番良いと考え、家族が「それでいい」と思える方法で送り出すのが一番良いのだ。

そして、そうであるならば、葬送の選択肢は多い方が良いはずだ。

私は、歴史の中でいつの間にか日本人の心に宿った「葬送の在り方とはこうでなければならない」、「お墓にはこれくらいのお金がかかるのが普通だ」という固定観念から少し距離を置き、自分なりのお墓づくり、葬送の在り方を考え、その選択肢を増やすきっかけを提供したいという思いで本書を執筆した。祖父の納骨と、父の献体の両方を経て、今その思いがより強くなったことを感じている。

最後になりましたが、本書の執筆に協力して下さった、石材店、仏具店ほか、葬送業界の取材先の皆さまに厚く御礼申し上げます。

そして、読者の皆様がお墓づくりを検討されるうえで、本書が少しでもお役に立てれば幸いです。

友利 昴

【主要参考文献】

松濤弘道『世界葬祭事典』（雄山閣）２０１０年
森 謙二『墓と葬送の社会史』（吉川弘文館）２０１４年
森 浩一（編）『日本古代文化の探究 墓地』（社会思想社）１９７５年
ネイチャー＆サイエンス『世界のお墓』（幻冬舎）２０１６年
島田裕巳『浄土真宗はなぜ日本でいちばん多いのか』（幻冬舎）２０１２年
岩田重則『「お墓」の誕生─死者祭祀の民族誌』（岩波書店）２００６年
門脇禎二、狩野 久『〈都〉の成立』（平凡社）２００２年
山折哲雄『「始末」ということ』（角川学芸出版）２０１１年
小林秀雄『小林秀雄全作品 本居宣長 上・下』（新潮社）２００４年
小林秀雄『小林秀雄講演 第１巻 文学の雑感』（新潮社）２００４年
島津一郎、松川正毅（編）『基本法コンメンタール 相続［第五版］』（日本評論社）２００７年
生活衛生法規研究会（監修）『新版 逐条解説 墓地、埋葬等に関する法律』（第一法規）２０１２年
長谷川正浩、石川美明、村 千鶴子（編）『葬儀・墓地のトラブル相談Q＆A』（民事法研究会）２０１４年

友利　昂（ともり　すばる）
作家。慶應義塾大学卒業。ブランド論、知的財産を中心に、幅広い分野で著述活動を行う。著書に『それどんな商品だよ！本当にあったへんな商標』（イースト・プレス）、『日本人はなぜ「黒ブチ丸メガネ」なのか』（KADOKAWA／メディアファクトリー）、『へんな商標？』、『へんな商標？2』（発明推進協会）、『お先に失礼するナリ─空気を壊さず定時に帰るテクニック』（ごま書房新社）などがある。

30万円で素敵なお墓を建てる
──安くても満足できる終の住処の作り方
平成二十八年（二〇一六年）十二月十九日　初版第一刷発行
著者©　友利　昂
発行者　揖斐　憲
発　行　夏目書房新社
〒150-0043
東京都渋谷区道玄坂1-22-7道玄坂ピアビル5F
電　話　03（6427）8872
FAX　03（6427）8289
発　売　垣内出版
〒158-0098
東京都世田谷区上用賀6-16-17
印　刷　シナノパブリッシングプレス
乱丁・落丁は面倒ながら小社営業部宛にご送付下さい
ISBN978-4-7734-1002-0